RÉALISME
ET NATURALISME

ÉTONNANTS • CLASSIQUES

RÉALISME ET NATURALISME

Présentation, notes, chronologie et dossier par
ÉLÉONORE ROY-REVERZY,
professeur de lettres

GF Flammarion

**Les mouvements littéraires
dans la même collection**

Baroque et Classicisme
L'Humanisme et la Renaissance
Les Lumières
Le Romantisme
Le Surréalisme

© Flammarion, Paris, 2002.
Édition revue, 2008.
ISBN : 978-2-0812-1523-8
ISSN : 1269-8822

SOMMAIRE

Réalisme et Naturalisme

I. DÉFINIR LE RÉALISME

II. UNE SCIENCE DU RÉEL

III. UNE VISÉE ENCYCLOPÉDIQUE

IV. LA VIE TELLE QU'ELLE EST

V. UNE VISION CRITIQUE DU MONDE

VI. LE RÉEL ET LE LANGAGE

▤ Dossier 101

▤ Répertoire 111

Le réalisme : une invention du XIXᵉ siècle ?

Définir le réalisme et le naturalisme est une entreprise difficile, tant ces termes, et particulièrement le premier d'entre eux, ont fait l'objet d'approches diverses et divergentes. Si l'on considère que toute œuvre qui prétend reproduire fidèlement la réalité est réaliste, le réalisme peut dès lors être appréhendé comme une notion essentielle et récurrente dans l'art occidental, déjà sensible dans *Le Satiricon* de Pétrone au Iᵉʳ siècle de notre ère ou dans les romans du XVIIᵉ siècle – *Francion* de Sorel, *Le Roman comique* de Scarron ou *Le Roman bourgeois* de Furetière.

C'est pourtant au XIXᵉ siècle que le réalisme – et, dans sa foulée, le naturalisme – se définit avec précision comme mouvement artistique et littéraire, plus précisément dans les années 1850, époque où des artistes comme le peintre Courbet et ses amis romanciers, Champfleury et Duranty, vont poser ses premiers fondements théoriques : Courbet, qui a vu deux de ses tableaux refusés à l'Exposition universelle de 1855, organise sa propre exposition qu'il intitule « Réalisme », dans un pavillon qu'il a fait construire à ses frais ; Duranty fonde en 1856 une revue du même nom qui va connaître six numéros ; Champfleury enfin recueille ses articles sur la question sous le titre

Le Réalisme, terme qu'il est l'un des premiers à employer dès 1847. Le mot dès lors fait recette, même si l'on ne peut véritablement parler d'école artistique : beaucoup de romanciers en effet ont toujours refusé cette étiquette, Flaubert comme les frères Goncourt, qui font pourtant aujourd'hui figures de grands maîtres du réalisme.

Reste que si le réalisme se revendique une existence dans la littérature et les arts à partir de la seconde moitié du XIXe siècle, il se réclame d'une longue série de devanciers et de modèles. Outre les philosophes des Lumières, Duranty trouve en Shakespeare, chez les romanciers picaresques, Pascal, Molière, Goethe, l'abbé Prévost, Restif de la Bretonne, Stendhal ou Balzac, des ancêtres. Pour paraître hétéroclite, la liste n'en est pas moins révélatrice puisqu'elle unit romanciers, philosophes et dramaturges, autour d'une représentation du monde délibérément anti-idéaliste, qui veut dénoncer les illusions trompeuses.

Réalisme
contre romantisme

C'est par opposition au romantisme qui a dominé la littérature et les arts de la fin du XVIIIe siècle à 1848 que se définit d'abord le réalisme, condamnant l'idéalisme et le refus du monde réel propres aux peintres du moi. Les réalistes, puis les naturalistes s'en tiennent à une vision du monde matérialiste. Ils refusent l'inconnu, l'au-delà, tout ce qui relève du champ de l'irrationnel. Ainsi Zola déclare-t-il dans *Le Roman expérimental* : « Notre vraie besogne est là, à nous romanciers expérimentateurs, aller du connu à l'inconnu, pour nous rendre maîtres de la nature ; tandis que les romanciers idéalistes restent de parti pris dans l'inconnu, par toutes sortes de préjugés religieux et philosophiques, sous le prétexte stupéfiant que l'inconnu est plus noble et plus beau que le connu [1]. » Poursuivant le combat des philosophes des Lumières contre l'obscurantisme et les superstitions, les théoriciens du roman s'inscrivent, au nom d'une philosophie et d'une morale du vrai, contre les puissances du mensonge que sont le rêve ou la foi religieuse. Ils se plaisent à représenter des personnages de lecteurs contaminés par leurs lectures, comme Emma Bovary dont l'imaginaire a été perverti par les romans qu'elle a lus.

Dans cette perspective, la poésie et le drame, genres emblématiques de l'époque romantique, sont rejetés : « Faire des vers, c'est malhonnête ; parler autrement que tout le monde, c'est de l'aristocratie », déclare Courbet. Le roman en revanche – notamment tel qu'il existe grâce à Stendhal ou Balzac – incarne la forme la plus susceptible d'opérer cette *mimesis*, ou représentation de la réalité, qui est le fondement de l'esthétique réaliste.

Décrire
le monde moderne

« Le romancier ne juge pas, ne condamne pas », écrit Champfleury en août 1856, il se contente d'« expose[r] des faits ». Mais « la reproduction de la nature par l'homme ne sera jamais une *reproduction*, une *imitation*, ce sera toujours une *interprétation* », ajoute-t-il, preuve qu'il ne s'agit pas de livrer

---

1. Zola, *Le Roman expérimental*, GF-Flammarion, 1971, p. 77.

une photographie de la réalité, mais une vision du monde dans laquelle entre une part de subjectivité.

Courbet, peintre du célèbre et scandaleux *Enterrement à Ornans* en 1855, affirme dans le même esprit vouloir « être à même de traduire les mœurs, les idées, l'aspect de mon époque, selon mon appréciation, être non seulement un peintre, mais encore un homme, faire en un mot de l'art vivant [1] ».

Il s'agit pour les réalistes et les naturalistes de s'inspirer de leur époque, de représenter ce qui les entoure, et non un ailleurs de fantaisie – ce que les romantiques appelaient la « couleur locale » – ou un temps reculé. Dans son exploration du monde réel, du monde moderne, le réalisme s'intéresse avant tout au « côté *social* de l'homme, qui est le plus visible, le plus compréhensible et le plus varié [2] ». L'homme est désormais représenté moins dans sa psychologie que dans ses rapports sociaux, d'où l'émergence dans le roman de personnages qui jusqu'alors avaient peu intéressé les écrivains : le bourgeois, l'ouvrier et les marginaux de tout ordre.

Dans cette optique, tout mérite d'être décrit, aucune réalité ne doit être écartée de la représentation artistique, sous prétexte de laideur ou d'ignominie. Le peintre Claude Lantier, dans *L'Œuvre* (1886) de Zola, s'exclame ainsi : « Tout peindre », vœu que formulent également à la même époque les impressionnistes qui peignent les gares, les usines, les rues grouillantes de Paris, puisque là est la vie moderne, là est la vie vraie.

Les critiques ne tardent pas à attaquer cette littérature qui se voue à la représentation des milieux sociaux les moins reluisants, une littérature de la canaille, selon le terme alors employé communément, ou « littérature putride » comme le dira le critique Louis Ulbach à propos d'un des premiers romans de Zola, *Thérèse*

---

1. Cité par Bruno Foucart in *Courbet*, Flammarion, 1995, p. 40.
2. Duranty, *Réalisme*, n° 2.

Raquin. L'année 1857 voit ainsi se jouer deux procès retentissants pour outrage aux bonnes mœurs et à la morale publique à l'encontre de l'auteur de *Madame Bovary* et de celui des *Fleurs du mal* ; c'est le réalisme de ces deux œuvres qui est incriminé.

La démarche réaliste de 1850 à la fin du XIXᵉ siècle ne cessera d'être associée à la question de la moralité de l'œuvre, d'autant que la représentation des réalités charnelles devient un objet privilégié, et l'adultère un véritable lieu commun. À la suite d'Emma Bovary, toute une galerie de « femmes coupables » fait son apparition dans les romans réalistes et naturalistes. Mais, à l'accusation d'immoralité, les auteurs répondent que ce n'est pas le roman qui est immoral, mais la réalité dépeinte.

Des ambitions scientifiques

Ainsi attachés à peindre la réalité, les partisans du réalisme n'hésitent pas à recourir à la caution de la science, manière de débarrasser le roman des accusations de frivolité et d'immoralité portées contre lui [1]. Pour les romanciers, l'œuvre n'est pas destinée à divertir le lecteur mais à lui transmettre un enseignement. Stendhal a été fortement marqué par l'influence des Idéologues [2], Balzac pose la zoologie comme modèle pour étudier la société et

---

1. Pour un très rapide rappel de cette question, voir Éléonore Roy-Reverzy, *Le Roman au XIXᵉ siècle*, SEDES, 1998, p. 9-28.
2. Groupe de philosophes et de médecins français de la fin du XVIIIᵉ et du début du XIXᵉ siècle, qui se sont intéressés à l'étude de l'homme, à sa psychologie, en relation avec sa physiologie (étude des organes des êtres vivants), dans la droite ligne des philosophes des Lumières.

Zola élabore sa théorie d'un roman expérimental à partir des travaux du médecin Claude Bernard.

Fort de cette nouvelle vocation à instruire, le roman n'échappe pas à la tentation encyclopédique : il intègre des listes (tous les articles que recèle un grand magasin dans *Le Bonheur des Dames* de Zola), multiplie à l'attention du lecteur des informations sur les domaines qu'il ignore et que le romancier-enquêteur a recensées pour lui.

Le réel
et le vraisemblable

Le réalisme aspire à être une littérature du tout dire, tant dans les objets auxquels il s'attache pour les détailler que dans la précision de son écriture. Parce qu'il prétend rendre compte du réel et de *tout* le réel, le réalisme comme le naturalisme, tend à multiplier les détails, voire, pour certaines tendances naturalistes, à laisser la description l'emporter sur la narration, les choses dominer les faits – c'est le cas dans certains romans des frères Goncourt et de Zola. Le processus de détaillement déjà si présent chez Balzac – nettement moins dans l'œuvre de Stendhal – permet à la fois de faire vivre le personnage et de le placer dans un cadre déterminant. Le détail est un indice, un signe, dans un monde lisible et déchiffrable ; « le détail révèle l'intérieur ; une pension, ses pensionnaires ; la partie dessine le tout [1] », écrit Stéphane Vachon, faisant référence à l'emploi généralisé, dans les romans réalistes, de la figure de la synecdoque [2].

---

1. In Balzac, *Écrits sur le roman*, LGF, 2000, p. 33.
2. *Synecdoque* : figure de style suivant laquelle la partie est prise pour le tout, par exemple « la voile » pour « le navire ».

Lorsque le narrateur précise dans *Eugénie Grandet* que le père Grandet a des mollets d'une circonférence de douze pouces, l'utilité d'un tel détail, qui surchargerait plutôt le portrait, n'est pas immédiatement perceptible. Mais il s'insère dans un ensemble d'autres détails avec lesquels il s'accorde pour composer la représentation complète d'un homme solidement ancré dans la matière, petit-bourgeois enrichi, à peine sorti de la paysannerie dont il est issu et dont il possède les caractéristiques physiques traditionnelles. Ces détails créent un effet de réel, une illusion de réalité, qui est également donnée par l'inscription de la narration dans un cadre géographique et historique vérifiable ; si la ville de Verrières, décrite au début du *Rouge et le Noir*, n'existe pas, elle n'en est pas moins située en Franche-Comté et arrosée par le Doubs.

Dans sa Préface de *Pierre et Jean*, Maupassant analyse le réalisme comme un illusionnisme et le réel du roman comme une fabrication : « Faire vrai consiste [...] à donner l'illusion complète du vrai, suivant la logique ordinaire des faits, et non à les transcrire servilement dans le pêle-mêle de leur succession[1]. » Le roman illusionniste met en place un univers sans hasard, où règne un strict enchaînement des causes et des effets, plus réel donc que le nôtre qui n'obéit à aucune loi : « le réaliste [...] cherchera non pas à nous montrer la photographie banale de la vie, mais à nous donner la vision plus complète, plus saisissante, plus probante que la réalité même[2] ». Il s'agit pour le romancier, comme Maupassant l'écrit ailleurs, de faire « une moyenne des événements humains », au point qu'il doit « sacrifier la vérité stricte à la simple mais logique vraisemblance[3] ». Le vraisemblable est bien le dernier mot du réalisme.

---

1. « Le Roman », préface de *Pierre et Jean*, Gallimard, « Bibliothèque de la Pléiade », 1987, p. 709. Voir p. 36.

2. *Ibid.*, p. 708.

3. « Les bas-fonds », article paru dans *Le Gaulois* du 28 juillet 1882, cité par Colette Becker in *Lire le réalisme et le naturalisme*, Dunod, 1998, p. 29.

Du réalisme
au naturalisme

Le naturalisme, qui s'inscrit dans la continuité du réalisme, même s'il l'infléchit, est étroitement lié à la figure de Zola, son principal théoricien. Le terme même de *naturaliste* dans son sens littéraire [1], apparaît sous la plume de l'écrivain dès 1866. En 1868, il évoque dans la Préface à la seconde édition de *Thérèse Raquin* « le groupe d'écrivains naturalistes auquel [il a] l'honneur d'appartenir » et se choisit comme maîtres Balzac, Taine et les frères Goncourt. Entre 1875 et 1881, Zola devient véritablement un romancier militant du naturalisme tant dans son propos théorique qu'à travers la création d'un véritable groupe, réuni autour de lui, à Médan où il habite. En 1880 paraissent ainsi *Le Roman expérimental*, recueil d'articles théoriques, et *Les Soirées de Médan*, recueil de nouvelles sur la guerre de 1870 auquel ont collaboré, outre Zola, Maupassant (*Boule de suif*) et Huysmans (*Sac au dos*).

Il ne s'agit plus seulement pour le naturaliste de saisir le réel dans sa totalité comme le faisaient les réalistes, mais d'en expliquer les mécanismes. Zola aborde le roman comme un champ d'expériences où le romancier est tout à la fois un observateur et un expérimentateur, suivant le modèle que lui fournit l'*Introduction à la médecine expérimentale* de Claude Bernard. Dans *Les Rougon-Macquart*, sous-titré *Histoire naturelle et sociale d'une famille sous le Second Empire*, il étudie, à travers cinq générations

---

1. Le mot a aussi un sens scientifique (pour désigner les savants qui étudient l'histoire naturelle), un sens philosophique (pour qualifier un courant de pensée selon lequel la nature est la seule réalité existante) et un sens artistique (pour désigner les peintres qui représentent la nature ou plus largement la réalité).

successives, les lois de l'ascension sociale et le rôle de l'hérédité et du milieu, qui déterminent l'individu.

Les théories de Zola ont été abondamment critiquées, et ses romans ont fait scandale. Par ailleurs, il n'y a pas de véritable unanimité dans le groupe des *Soirées de Médan* : Maupassant prend très vite le large ; Huysmans donne en 1884 la preuve de son éloignement avec *À rebours*, roman qui marque un tournant dans l'histoire du naturalisme – l'inquiétude métaphysique prenant ici le pas sur la peinture du milieu. Dès lors, le naturalisme s'essouffle peu à peu et, en 1887, de jeunes romanciers naturalistes réagissent violemment, dans un manifeste publié par *Le Figaro*, à la parution de *La Terre*, dénonçant tout à la fois les prétentions scientifiques de Zola et ses obsessions charnelles. Si le vingtième et dernier volume des *Rougon-Macquart*, *Le Docteur Pascal*, paraît en 1893, à l'orée des années 1890, le naturalisme semble bien mort.

La littérature naturaliste a sans nul doute cherché à aller plus loin que le réalisme dans sa peinture de toutes les réalités, qu'il s'agisse de la réalité sociale, avec la représentation de la classe ouvrière et des marginaux (la prostituée notamment), de celle, choquante et scandaleuse, du corps et de la sexualité, de la réalité du monde moderne enfin, bouleversé par l'industrialisation.

C'est autour de ces enjeux que nous avons constitué cette anthologie. Elle est destinée à éclairer les différentes facettes des courants réaliste et naturaliste, à montrer notamment les éventuelles distorsions qui existent entre le discours théorique et sa réalisation romanesque, et s'attache à examiner la réception d'une littérature d'abord jugée scandaleuse, avant d'être institutionnalisée.

CHRONOLOGIE

18301900
18301900

■ Quelques repères sur le réalisme et le naturalisme

1830- 1848	**Le romantisme triomphant.** **Premières œuvres du réel.**
1830	Révolution de Juillet et instauration de la Monarchie de Juillet (Louis-Philippe) qui dure jusqu'en 1848. Stendhal, *Le Rouge et le Noir*.
1831	Daumier, *Les Célébrités du Juste-Milieu*.
1833	Balzac, *Eugénie Grandet*.
1834	Balzac, *Le Père Goriot*. Balzac invente le système des personnages qui reparaissent d'un livre à l'autre. Apparition du mot « réalisme » dans un article de la *Revue des Deux Mondes*.
1835	Corot, *Vue de Florence*.
1837	Balzac, Première partie des *Illusions perdues* (achevé en 1843).
1838	Balzac, première partie de *Splendeurs et misères des courtisanes* (achevé en 1847). Daguerre invente le daguerréotype.
1839	Stendhal, *La Chartreuse de Parme*.
1844	Balzac, *Les Paysans* (inachevé). Lithographies de Gavarni. Turner, *Pluie, vapeur et vitesse*.
1845	Daumier, *Les Gens de justice*.
1846	Balzac, *La Cousine Bette*.
1847	Balzac, *Le Cousin Pons*.
1848	IIᵉ République.
1849	Courbet, *L'Après-dîner à Ornans*, *Les Casseurs de pierre*, *L'Enterrement à Ornans*.
1848- 1887	**Triomphe du réalisme et du naturalisme.**
1851	Coup d'État du 2 décembre : Louis-Napoléon Bonaparte devient président à vie. Henry Murger, *Scènes de la vie de bohème*.
1852	Second Empire.
1852- 1870	Baltard dirige le chantier de constuction des Halles de Paris.

1853	Début des grands travaux d'Haussmann à Paris. Champfleury, *Les Aventures de Mlle Mariette*. Millet, *Le Repas des moissonneurs*. Courbet, *Les Baigneuses*. Naissance de Van Gogh.
1854	Émile Augier, *Le Gendre de Monsieur Poirier*.
1854- 1855	Guerre de Crimée.
1855	Champfleury, *Les Bourgeois de Molinchart*. Courbet, *L'Atelier du peintre*. Exposition de Courbet, intitulée « Le Réalisme » dont le catalogue est rédigé par Champfleury.
1856	Duranty fonde la revue *Réalisme*.
1857	Gustave Flaubert, *Madame Bovary*. Alexandre Dumas fils, *La Question d'argent*. Champfleury, *Le Réalisme*. Millet, *Les Glaneuses*.
1858	Ernest Feydeau, *Fanny*. Théophile Gautier, *Le Roman de la momie*.
1859	Dans un de ses Salons, Baudelaire aborde la question du « réalisme ».
1860	Duranty, *Le Malheur d'Henriette Gérard*. Edmond et Jules de Goncourt, *Charles Demailly*. Lenoir invente le moteur à explosion.
1861	Edmond et Jules de Goncourt, *Sœur Philomène*.
1861- 1867	Guerre du Mexique.
1862	Gustave Flaubert, *Salammbô*. Eugène Fromentin, *Dominique*. Victor Hugo, *Les Misérables*.
1863	Jules Verne, *Cinq Semaines en ballon*. Manet, *Le Déjeuner sur l'herbe*. Pasteur et la « pasteurisation ».
1863- 1872	Littré, *Dictionnaire de la langue française*.
1864	Edmond et Jules de Goncourt, *Renée Mauperin*.
1864- 1876	Larousse, *Grand dictionnaire universel du XIXᵉ siècle*.

1865	Jules Barbey d'Aurevilly, *Un prêtre marié*.
	Edmond et Jules de Goncourt, *Germinie Lacerteux*.
	Manet, *Olympia*.
1867	Edmond et Jules de Goncourt, *Manette Salomon*.
	Émile Zola, *Thérèse Raquin*.
1868	Alphonse Daudet, *Le Petit Chose*.
1869	Gustave Flaubert, *L'Éducation sentimentale*.
	Edmond et Jules de Goncourt, *Madame Gervaisais*.
1870	Guerre franco-allemande. La France défaite à Sedan.
	Chute de l'Empire. Début de la IIIᵉ République (1870-1940).
1871	Commune de Paris.
	Émile Zola, *La Fortune des Rougon*
	(premier volume des *Rougon-Macquart*).
1872	Jules Verne, *Le Tour du monde en 80 jours*.
	Émile Zola, *La Curée*.
1873	Émile Zola, *Le Ventre de Paris*.
1874	Alphonse Daudet, *Fromont jeune et Risler aîné*.
	Victor Hugo, *Quatre-vingt treize*.
	Émile Zola, *La Conquête de Plassans*.
	Monet, *Impression, soleil levant*.
1875	Émile Zola, *La Faute de l'abbé Mouret*.
1876	Joris-Karl Huysmans, *Marthe, histoire d'une fille*.
	Alphonse Daudet, *Jack*.
	Émile Zola, *Son Excellence Eugène Rougon*.
	Renoir, *Bal au moulin de la Galette*.
	Bell invente le téléphone.
1877	Edmond de Goncourt, *La Fille Élisa*.
	Émile Zola, *L'Assommoir*.
	Monet, *La Gare Saint-Lazare*.
	Pissarro, *Les Toits rouges*.
	Edison, Charles Cros et l'invention du phonographe.
1878	Jules Vallès, *L'Enfant*.
	Émile Zola, *Une page d'amour*.
	Sisley, *La Neige à Louveciennes*.
1879	Edmond de Goncourt, *Les Frères Zemganno*.
	Joris-Karl Huysmans, *Les Sœurs Vatard*.

1880-	Jules Ferry et les lois scolaires.
1882	Émile Zola, *Nana*, *Le Roman expérimental*.
	Rodin, *Le Penseur*.

1881	Henry Céard, *Une Belle journée*.
	Gustave Flaubert, *Bouvard et Pécuchet* (posthume).
	Jules Vallès, *Le Bachelier*.
	Renoir, *Le Déjeuner des canotiers*.

| 1882 | Émile Zola, *Pot-Bouille*. |
| | Henry Becque, *Les Corbeaux*. |

| 1883 | Guy de Maupassant, *Une vie*. |
| | Émile Zola, *Au Bonheur des Dames*. |

1884	Edmond de Goncourt, *Chérie*.
	Joris-Karl Huysmans, *À rebours*.
	Émile Zola, *La Joie de vivre*.
	Louis Desprez, *L'Évolution naturaliste*.

1885	Guy de Maupassant, *Bel-Ami*.
	Émile Zola, *Germinal*.
	Henry Becque, *La Parisienne*.
	Cézanne, *Rochers à l'Estaque*.

1886	Pierre Loti, *Pêcheur d'Islande*.
	Octave Mirbeau, *Le Calvaire*.
	Jules Vallès, *L'Insurgé*.
	Émile Zola, *L'Œuvre*.

| 1887 | Émile Zola, *La Terre*. |

| 1888- | **Symbolisme et décadence. Réactions contre le réalisme** |
| 1900 | **et le naturalisme.** |

1888	Guy de Maupassant, *Pierre et Jean*.
	Octave Mirbeau, *L'Abbé Jules*.
	Émile Zola, *Le Rêve*.

| 1889 | Guy de Maupassant, *Fort comme la mort*. |
| | Inauguration de la tour Eiffel. |

1890	Guy de Maupassant, *Notre cœur*.
	Émile Zola, *La Bête humaine*.
	Van Gogh, *Le Champ de blé aux corbeaux*.

1891	Joris-Karl Huysmans, *Là-bas*.
	Émile Zola, *L'Argent*.
	Panhard et Levassor mettent au point la première automobile
	à essence.

1892	Émile Zola, *La Débâcle*. Cézanne, *Les Joueurs de cartes*.
1893	Émile Zola, *Le Docteur Pascal* (dernier volume des *Rougon-Macquart*).
1894	Jules Renard, *Poil de carotte*.
1895	André Gide, *Paludes*. Joris-Karl Huysmans, *En route*. Les frères Lumière inventent le cinématographe.
1897	Maurice Barrès, *Les Déracinés*.
1898	Émile Zola, « J'accuse ». Gauguin, *Le Cheval blanc*.
1899	Octave Mirbeau, *Le Jardin des supplices*. Cézanne, *Pommes et Oranges*.
1900	Octave Mirbeau, *Le Journal d'une femme de chambre*.

Réalisme
et Naturalisme

■ Courbet, *L'Atelier du peintre*, 1855 (Paris, musée d'Orsay).

Ce tableau de grande taille (3,59 m de haut sur 5,98 m de large) est à la fois un manifeste et une toile mystérieuse. Sous-titré *Allégorie réelle déterminant une phase de sept années de ma vie artistique et morale*, le tableau représente l'atelier du peintre et ses différents modèles : une femme nue au centre, et sur la partie droite du tableau, Baudelaire, Champfleury et Proudhon. « C'est, déclare Courbet, le monde qui vient se faire peindre chez moi. » C'est une œuvre que l'artiste a conçue comme une somme où s'exprimerait toute sa conception de la création : le peintre, placé au cœur de la toile, est celui qui ordonne la réalité et détermine l'organisation du tableau, dont la dimension relèverait, selon les conventions picturales, de la prestigieuse peinture d'histoire. Avec cette toile, présentée lors de l'exposition personnelle organisée par l'artiste en 1855, Courbet choisit d'affirmer l'importance de la personnalité de l'artiste dans la représentation de la réalité.

I. Définir le réalisme

De Stendhal à Maupassant, les romanciers du XIXᵉ siècle ont formulé des théories du roman dans ses rapports avec la réalité. Ils ont donc cherché, avant même que le terme de *réalisme* s'impose autour des années 1850 dans le domaine de la littérature, à définir une pratique réaliste de l'écriture romanesque. Les métaphores du miroir et de l'écran expriment chez Stendhal et chez Zola le vœu d'un roman restituant le plus fidèlement possible la réalité. Dans le même temps, le refus d'un roman qui ne propose qu'un daguerréotype ou une photographie du monde les conduit à considérer que l'art littéraire est toujours une interprétation, où s'affirme la personnalité de l'écrivain.

1. Le roman selon Stendhal

Stendhal dans *Le Rouge et le Noir*, sous-titré « Chronique de 1830 », entreprend, à partir d'un fait divers, l'affaire Berthet, de dresser le portrait d'un ambitieux, Julien Sorel qui, dans la seconde partie du roman, affronte le monde parisien. Secrétaire du marquis de la Mole, le jeune héros stendhalien est initié aux intrigues et aux complots de la politique contemporaine. La fille du marquis, Mathilde, éprouve pour Julien un « amour de tête ».

Dans cet extrait, l'écrivain livre sa définition du roman, suivant une esthétique du miroir : le roman proposerait au lecteur un reflet du monde tel qu'il est, dans sa beauté (il reflète le ciel) comme dans sa laideur (il reflète aussi le bourbier de la route). Le romancier ne serait que celui qui porte la hotte où se trouve ce miroir. Il n'aurait ainsi pas même pour tâche de l'orienter, de le diriger dans telle ou telle direction. On peut voir dans un tel programme une définition du réalisme : le romancier ne prétend pas infléchir la représentation du réel, en l'embellissant ou l'enlaidissant, il ne prétend pas non plus l'ordonner et se retire ainsi toute responsabilité : il ne saurait être accusé d'immoralité puisqu'il se contente de porter la hotte qui contient le miroir.

■ Stendhal, *Le Rouge et le Noir* (1830), 2ᵉ partie, chap. XIX

De retour à la maison, quoi que pût dire madame de La Mole, Mathilde prétendit avoir la fièvre, et passa une partie de la nuit à répéter cette cantilène sur son piano. Elle chantait les paroles de l'air célèbre qui l'avait charmée :

5   *Devo punirmi, devo punirmi,*
     Se troppo amai, etc[1].

Le résultat de cette nuit de folie fut qu'elle crut être parvenue à triompher de son amour[2]. (Cette page[3] nuira de plus d'une façon au malheureux auteur. Les âmes glacées l'accuseront d'indécence.
10 Il ne fait point l'injure aux jeunes personnes qui brillent dans les salons de Paris de supposer qu'une seule d'entre elles soit susceptible des mouvements de folie qui dégradent le caractère de Mathilde. Ce personnage est tout à fait d'imagination et même

---

1. « Je dois me punir, je dois me punir si j'ai trop aimé », passage de la cantilène que Mathilde vient d'entendre à l'Opéra italien.
2. L'amour qu'elle éprouve pour Julien.
3. Dans cette longue parenthèse, le narrateur juge ses personnages, Mathilde et Julien, en évoquant leur position dans la société. C'est à partir de cette analyse qu'il développe sa définition du roman, dont un résumé attribué à l'abbé de Saint-Réal figure en exergue du chapitre XIII de la première partie : « Un roman : c'est un miroir qu'on promène le long d'un chemin. »

imaginé bien en dehors des habitudes sociales qui parmi tous
15 les siècles assureront un rang si distingué à la civilisation du
XIXᵉ siècle.

Ce n'est point la prudence qui manque aux jeunes filles qui
ont fait l'ornement des bals de cet hiver.

Je ne pense pas non plus que l'on puisse les accuser de trop
20 mépriser une brillante fortune, des chevaux, de belles terres et tout
ce qui assure une position agréable dans le monde. Loin de ne voir
que de l'ennui dans tous ces avantages, ils sont en général l'objet
des désirs les plus constants, et s'il y a passion dans les cœurs elle
est pour eux.

25 Ce n'est point l'amour non plus qui se charge de la fortune des
jeunes gens doués de quelque talent comme Julien ; ils s'attachent
d'une étreinte invincible à une coterie[1], et quand la coterie fait
fortune, toutes les bonnes choses de la société pleuvent sur eux.
Malheur à l'homme d'étude qui n'est d'aucune coterie, on lui
30 reprochera jusqu'à de petits succès fort incertains, et la haute
vertu triomphera en le volant. Eh, monsieur, un roman est un
miroir qui se promène sur une grande route. Tantôt il reflète à
vos yeux l'azur des cieux, tantôt la fange des bourbiers de la
route. Et l'homme qui porte le miroir dans sa hotte sera par vous
35 accusé d'être immoral ! Son miroir montre la fange, et vous accusez le miroir ! Accusez bien plutôt le grand chemin où est le bourbier, et plus encore l'inspecteur des routes qui laisse l'eau croupir
et le bourbier se former.

Maintenant qu'il est bien convenu que le caractère de Mathilde
40 est impossible dans notre siècle, non moins prudent que vertueux,
je crains moins d'irriter en continuant le récit des folies de cette
aimable fille.)

---

1. Coterie : réunion de personne qui soutiennent ensemble leurs intérêts.

2. Le réalisme selon Champfleury

Les réalistes des années 1850, puis les naturalistes n'ont cessé d'être accusés de reproduire la réalité telle qu'elle est, et les romans qu'ils écrivaient ont été comparés à des daguerréotypes, suivant la technique de photographie inventée par Daguerre[1]. Leurs œuvres, selon leurs détracteurs, ne relèveraient pas d'une démarche artistique, d'une entreprise créatrice, puisqu'elles se contentent de donner la réalité exactement telle qu'elle est, sans aucun effort de transfiguration.

C'est contre cette critique que s'élève ici Champfleury, le chef de file de l'école réaliste, ami du peintre Courbet et de Baudelaire. Champfleury devient, en compagnie du romancier Duranty (voir p. 70), le théoricien du courant dans une série d'articles qu'il recueille sous le titre *Le Réalisme* en 1857. Duranty, dans ces années-là, a créé une revue éphémère qui porte ce même titre, et Courbet fait construire un pavillon où il expose une rétrospective de ses œuvres, à côté du Salon officiel de 1855, à l'enseigne « DU RÉALISME ». À la fois drapeau et arme, ce terme est aussi un slogan publicitaire, destiné à susciter une attente dans le public en provoquant les défenseurs de l'art et de la littérature institutionnels.

Dans un article de 1854 consacré à Robert Challes[2], Champfleury pose le problème de la reproduction et de l'interprétation, rappelant que toute création est interprétation et donc transformation de l'objet représenté. Zola ne dira pas autre chose lorsqu'il définira l'art comme « un coin de la nature vu à travers un tempérament ». Ce mot de *tempérament* est bien un mot-clef chez les théoriciens de la période comme chez les romanciers, puisque le personnage, dans l'œuvre de Balzac par exemple, puis chez ses successeurs, est

---

1. Daguerre invente en 1838 un procédé photographique par lequel l'image de l'objet était fixée sur une plaque métallique.
2. Écrivain du XVIIᵉ siècle, auteur des *Illustres françaises*.

déterminé par son milieu et par son tempérament (qu'il soit bilieux, lymphatique ou sanguin [1]). Ainsi, selon Champfleury, si dix peintres proposent dix représentations différentes du même paysage, c'est en raison de la différence de leurs tempéraments et de leur nature.

En outre, si l'on accuse les réalistes de ne proposer que des photographies de la réalité, on leur dénie également toute qualité d'exactitude, en leur reprochant de noircir ou de forcer le trait. L'accusation peut sembler paradoxale : ils sont trop près de la réalité d'une part, ils la déforment d'autre part. C'est à cette double attaque que répond ici Champfleury.

■ Champfleury, « L'Aventurier Challes » (mai 1854), repris dans *Le Réalisme*, 1857

La reproduction de la nature par l'homme ne sera jamais une *reproduction* ni une *imitation*, ce sera toujours une *interprétation*. Il est si difficile de s'entendre sur les mots, que je vais essayer de rendre ma pensée plus claire par des faits :

5   Dix daguerréotypeurs sont réunis dans la campagne et soumettent la nature à l'action de la lumière. À côté d'eux dix élèves en paysage copient également le même site. L'opération chimique terminée, les dix plaques sont comparées ; elles rendent exactement le paysage sans aucune variation entre elles.

10   Au contraire, après deux ou trois heures de travail, les dix élèves (quoiqu'ils soient sous la direction d'un même maître, qu'ils aient subi ses principes bons ou mauvais), étalent leurs esquisses les unes à côté des autres. Pas une ne se ressemble.

Cependant tous les dix ont copié avec toute l'exactitude possible les mêmes arbres, la même prairie, la même colline. Il y a

---

1. Il y a selon la médecine d'Hippocrate quatre tempéraments (lymphatique, nerveux, sanguin, mélancolique) qui déterminent la nature de l'homme et donc son rapport aux autres et au monde. Chez les réalistes et les naturalistes, le mot devient synonyme de personnalité.

même de telles dissemblances que l'herbe des champs qui paraît *verte* à celui-ci, a été peinte *rousse* par celui-là ; le site est riant et gai, quelques-uns l'ont vu mélancolique et sombre. À quoi tient cette différence ? À ce que l'homme, quoi qu'il fasse pour se rendre
20 l'esclave de la nature, est toujours emporté par son tempérament particulier qui le tient depuis les ongles jusqu'aux cheveux et qui le pousse à rendre la nature suivant l'impression qu'il en reçoit. Un chêne change de forme et de couleur pour l'homme sanguin et pour l'homme bilieux. Les objets ne se renversent pas dans l'œil
25 du blond de la même manière que dans l'œil du brun. L'homme maigre n'éprouve pas devant la nature les mêmes sensations que l'homme gras.

Tandis que dix daguerréotypes étant braqués sur le même objet, les dix yeux de verre de la machine rendront dix fois le
30 même objet sans la moindre variation de forme et de coloration.

Il est donc facile d'affirmer que l'homme, n'étant pas *machine*, ne peut rendre les objets *machinalement*. Subissant la loi de son *moi*, il ne peut que les interpréter. Donc, l'assimilation de l'homme à une machine exacte, est dépourvue de toute justesse.

3. La théorie des écrans

La théorie des écrans que Zola formule dans une lettre à son ami Valabrègue est fondamentale : elle définit trois esthétiques – classique, romantique, réaliste – à travers la métaphore d'un écran s'interposant entre le créateur et le réel.

Partant de l'image de la fenêtre dans laquelle s'enchâsserait un écran plus ou moins transparent et déformant, Zola affirme que la « réalité exacte est [...] impossible dans une œuvre d'art » car soit le créateur abaisse, soit il idéalise. Pourtant, certains écrans, par leur plus faible opacité, donnent de la réalité une vision plus ou moins juste et l'on peut donc établir une sorte de courbe croissante de la transparence en examinant les courants classique, romantique et réaliste.

Par ailleurs, il convient selon Zola de proposer une vision d'ensemble de la nature, sans en rejeter tel ou tel aspect sous quelque prétexte que ce soit, et d'en livrer une vision orientée par le regard de l'observateur. C'est donc la personnalité de l'écrivain qui doit se lire dans le regard, aussi objectif que possible, qu'il porte sur le monde : la transcription du réel n'est donc plus littérale et passive comme le suggérait la métaphore stendhalienne du miroir, elle témoigne au contraire de la présence du créateur. Zola proposera ainsi dans son étude sur Taine de 1866 (recueillie dans *Mes haines*) sa définition de l'art : « une œuvre d'art est un coin de la création vu à travers un tempérament », phrase qui résume admirablement le développement qu'il avait consacré à l'écran réaliste.

■ Zola, Lettre à Antony Valabrègue, 18 août 1864

L'ÉCRAN – L'ÉCRAN ET LA CRÉATION
L'ÉCRAN NE PEUT DONNER DES IMAGES RÉELLES

Je me permets, au début, une comparaison un peu risquée : toute œuvre d'art est comme une fenêtre ouverte sur la création ; il y a, enchâssé dans l'embrasure de la fenêtre, une sorte d'Écran transparent, à travers lequel on aperçoit les objets plus ou moins
5 déformés, souffrant des changements plus ou moins sensibles dans leurs lignes et dans leur couleur. Ces changements tiennent à la nature de l'Écran. On n'a plus la création exacte et réelle, mais la création modifiée par le milieu où passe son image.

Nous voyons la création dans une œuvre, à travers un
10 homme, à travers un tempérament, une personnalité. L'image qui se produit sur cet Écran de nouvelle espèce est la reproduction des choses et des personnes placées au-delà, et cette reproduction, qui ne saurait être fidèle, changera autant de fois qu'un nouvel Écran viendra s'interposer entre notre œil et la création.

15 De même, des verres de différentes couleurs donnent aux objets des couleurs différentes ; de même des lentilles, concaves ou convexes, déforment les objets chacune dans un sens.

La réalité exacte est donc impossible dans une œuvre d'art. On dit qu'on rabaisse ou qu'on idéalise un sujet. Au fond, même
20 chose. Il y a déformation de ce qui existe. Il y a mensonge. Peu importe que ce mensonge soit en beau ou en laid. Je le répète, la déformation, le mensonge qui se reproduisent dans ce phénomène d'optique, tiennent évidemment à la nature de l'Écran. Pour reprendre la comparaison, si la fenêtre était libre, les objets placés
25 au-delà apparaîtraient dans leur réalité. Mais la fenêtre n'est pas libre et ne saurait l'être. Les images doivent traverser un milieu, et ce milieu doit forcément les modifier, si pur et si transparent qu'il soit. Le mot *Art* n'est-il pas d'ailleurs opposé au mot *Nature* ?

Ainsi, tout enfantement d'une œuvre consiste en ceci : l'artiste
30 se met en rapport direct avec la création, la voit à sa manière, s'en laisse pénétrer, et nous en renvoie les rayons lumineux, après les avoir, comme le prisme, réfractés et colorés selon sa nature.

D'après cette idée, il n'y a que deux éléments à considérer : la création et l'Écran. La création étant la même pour tous, envoyant
35 à tous une même image, l'Écran seul prête à l'étude et à la discussion. […]

L'ÉCRAN CLASSIQUE – L'ÉCRAN ROMANTIQUE
L'ÉCRAN RÉALISTE

L'Écran classique est une belle feuille de talc très pure et d'un grain fin et solide, d'une blancheur laiteuse. Les images s'y dessinent nettement, au simple trait noir. Les couleurs des objets
40 s'affaiblissent et en traversant la limpidité voilée, parfois s'y effacent même tout à fait. Quant aux lignes, elles subissent une déformation sensible, tendant toutes vers la ligne courbe ou la ligne droite, s'amincissent, s'allongent, avec de lentes ondulations. La création, dans ce cristal froid et peu translucide, perd
45 toutes ses brusqueries, toutes ses énergies vivantes et lumineuses ;

elle ne garde que ses ombres et se reproduit sur la surface polie, en façon de bas-relief. L'Écran classique est, en un mot, un verre grandissant qui développe les lignes et arrête les couleurs au passage.

50   L'Écran romantique est une glace sans tain, claire, bien qu'un peu trouble en certains endroits, et colorée des sept nuances de l'arc-en-ciel. Non seulement elle laisse passer les couleurs, mais elle leur donne encore plus de force : parfois elle les transforme et les mêle. Les contours y subissent aussi des déviations ; les lignes 55 droites tendent à s'y briser, les cercles s'y changent en triangles. La création que nous donne cet Écran est une création tumultueuse par larges nappes d'ombre et de lumière. Le mensonge de la nature est plus heurté et plus séduisant ; il n'a pas la paix, mais la vie, une vie plus intense que la nôtre ; il n'a pas le pur développement des 60 lignes et la sobre discrétion des couleurs, mais toute la passion du mouvement et toute la splendeur fulgurante de soleils imaginaires. L'Écran romantique est, en somme, un prisme, à la réfraction puissante, qui brise tout rayon lumineux et le décompose en un spectre solaire éblouissant.

65   L'Écran réaliste est un simple verre à vitre, très mince, très clair, et qui a la prétention d'être si parfaitement transparent que les images le traversent et se reproduisent ensuite dans toute leur réalité. Ainsi, point de changement dans les lignes ni dans les couleurs : une reproduction exacte, franche et naïve. L'Écran réa-70 liste nie sa propre existence. Vraiment, c'est là un trop grand orgueil. Quoi qu'il dise, il existe, et, dès lors, il ne peut se vanter de nous rendre la création dans la splendide beauté de la vérité. Si clair, si mince, si verre à vitre qu'il soit, il n'en a pas moins une couleur propre, une épaisseur quelconque ; il teint les objets, il 75 les réfracte tout comme un autre.

    D'ailleurs, je lui accorde volontiers que les images qu'il donne sont les plus réelles ; il arrive à un haut degré de reproduction exacte. Il est certes difficile de caractériser un Écran qui a pour qualité principale celle de n'être presque pas : je crois cependant

80 le bien juger en disant qu'une fine poussière grise trouble sa limpidité. Tout objet, en passant par ce milieu, y perd de son éclat, ou, plutôt, s'y noircit légèrement. D'autre part, les lignes y deviennent plus plantureuses, s'exagèrent, pour ainsi dire, dans le sens de leur largeur. La vie s'y étale grassement, une vie matérielle et un peu

85 pesante. Somme toute, l'Écran réaliste, le dernier qui se soit produit dans l'art contemporain, est une vitre unie, très transparente sans être très limpide, donnant des images aussi fidèles qu'un Écran peut en donner.

L'ÉCRAN QUE JE PRÉFÈRE

Il me reste maintenant à dire mon goût personnel, à me décla-
90 rer pour un des trois Écrans dont je viens de parler. Comme j'ai en horreur le métier de disciple, je ne saurais en accepter un exclusivement et entièrement. Toutes mes sympathies, s'il faut le dire, sont pour l'Écran réaliste ; il contente ma raison, et je sens en lui des beautés immenses de solidité et de vérité. Seulement, je le
95 répète, je ne peux l'accepter tel qu'il veut se présenter à moi : je ne puis admettre qu'il nous donne des images vraies ; et j'affirme qu'il doit avoir en lui des propriétés particulières qui déforment les images, et qui, par conséquent, font de ces images des œuvres d'art. J'accepte d'ailleurs pleinement sa façon de procéder, qui est
100 celle de se placer en toute franchise devant la nature, de la rendre dans son ensemble, sans exclusion aucune. L'œuvre d'art, ce me semble, doit embrasser l'horizon entier. – Tout en comprenant l'Écran qui arrondit et développe les lignes, qui éteint les couleurs et celui qui avive les couleurs, qui brise les lignes, je préfère
105 l'Écran qui, serrant de plus près la réalité, se contente de mentir juste assez pour me faire sentir un homme dans une image de la création.

4. Le réalisme comme illusionnisme

En 1888, en faisant paraître un court roman *Pierre et Jean* qui s'apparente à la formule naturaliste du roman prônée par Zola (un roman avec peu de personnages, dont l'action se déroule sur une période fort brève, en un lieu unique, et dont l'intrigue est simplifiée à l'extrême), Maupassant éprouve le besoin de donner une préface où il résume ses positions esthétiques et prend ses distances par rapport au naturalisme de Zola, tout en condamnant le style artiste représenté par les frères Goncourt. Un seul maître : Flaubert, et une idée fondamentale, celle de l'illusionnisme sur lequel repose le projet réaliste. Le romancier réaliste recourt en effet à un certain nombre de procédés pour produire l'illusion de la réalité : il est en cela comparable à un magicien, notamment dans sa manière de sélectionner les événements qu'il place dans son roman, de leur restituer un sens en les insérant dans une chaîne causale, et d'adopter un certain nombre de procédés d'écriture et de composition destinés à faire passer pour vrai l'univers de fiction qu'il construit.

Maupassant oppose ainsi le romancier romanesque, « qui transforme la vérité constante, brutale et déplaisante, pour en tirer une aventure exceptionnelle et séduisante » à celui « qui prétend nous donner une image exacte de la vie ». C'est donc dans la structure même de l'œuvre, dans le traitement de l'intrigue, accidentée dans le premier cas, plate dans l'autre, que les deux romanciers diffèrent. Et Maupassant d'insister sur la nécessité pour le réaliste d'éviter de peindre des catastrophes qui relèvent de la rubrique des « faits divers », lors même qu'elles arrivent dans la vie, au nom du « faire vrai » : la vie est en somme plus romanesque (il s'y produit des événements illogiques et inexplicables) que ne doit l'être le roman, où tout s'enchaîne, où tout est motivé.

Ce paradoxe tient au fait que le roman illusionniste met en place un univers sans hasard, où règne un strict enchaînement des causes et des effets, plus réel donc que le nôtre qui n'obéit à aucune loi. Il s'agit pour le romancier, comme Maupassant l'écrit ailleurs [1], de faire « une moyenne des événements humains », au point qu'il doit « sacrifier la vérité stricte à la simple mais logique vraisemblance ». La loi fondamentale du roman est donc celle de la vraisemblance.

■ Maupassant, Préface de *Pierre et Jean*, 1888

Le romancier qui transforme la vérité constante, brutale et déplaisante, pour en tirer une aventure exceptionnelle et séduisante, doit, sans souci exagéré de la vraisemblance, manipuler les événements à son gré, les préparer et les arranger pour plaire au
5 lecteur, l'émouvoir ou l'attendrir. Le plan de son roman n'est qu'une série de combinaisons ingénieuses conduisant avec adresse au dénouement. Les incidents sont disposés et gradués vers le point culminant et l'effet de la fin, qui est un événement capital et décisif, satisfaisant toutes les curiosités éveillées au début, mettant
10 une barrière à l'intérêt, et terminant si complètement l'histoire racontée qu'on ne désire plus savoir ce que deviendront, le lendemain, les personnages les plus attachants.

Le romancier, au contraire, qui prétend nous donner une image exacte de la vie, doit éviter avec soin tout enchaînement
15 d'événements qui paraîtrait exceptionnel. Son but n'est point de nous raconter une histoire, de nous amuser ou de nous attendrir, mais de nous forcer à penser, à comprendre le sens profond et caché des événements. À force d'avoir vu et médité il regarde l'univers, les choses, les faits et les hommes d'une certaine façon
20 qui lui est propre et qui résulte de l'ensemble de ses observations réfléchies. C'est cette vision personnelle du monde qu'il cherche à nous communiquer en la reproduisant dans un livre. Pour nous émouvoir, comme il l'a été lui-même par le spectacle de la vie, il doit la reproduire devant nos yeux avec une scrupuleuse ressem-
25 blance. Il devra donc composer son œuvre d'une manière si

---

1. In « Les bas-fonds », article paru dans *Le Gaulois* du 28 juillet 1882.

adroite, si dissimulée, et d'apparence si simple, qu'il soit impossible d'en apercevoir et d'en indiquer le plan, de découvrir ses intentions.

Au lieu de machiner une aventure et de la dérouler de façon à la rendre intéressante jusqu'au dénouement, il prendra son ou ses personnages à une certaine période de leur existence et les conduira, par des transitions naturelles, jusqu'à la période suivante. Il montrera de cette façon, tantôt comment les esprits se modifient sous l'influence des circonstances environnantes, tantôt comment se développent les sentiments et les passions, comment on s'aime, comment on se hait, comment on se combat dans tous les milieux sociaux, comment luttent les intérêts bourgeois, les intérêts d'argent, les intérêts de famille, les intérêts politiques.

L'habileté de son plan ne consistera donc point dans l'émotion ou dans le charme, dans un début attachant ou dans une catastrophe émouvante, mais dans le groupement adroit de petits faits constants d'où se dégagera le sens définitif de l'œuvre. S'il fait tenir dans trois cents pages dix ans d'une vie pour montrer quelle a été, au milieu de tous les êtres qui l'ont entourée, sa signification particulière et bien caractéristique, il devra savoir éliminer, parmi les menus événements innombrables et quotidiens, tous ceux qui lui sont inutiles, et mettre en lumière, d'une façon spéciale, tous ceux qui seraient demeurés inaperçus pour des observateurs peu clairvoyants et qui donnent au livre sa portée, sa valeur d'ensemble.

On comprend qu'une semblable manière de composer, si différente de l'ancien procédé visible à tous les yeux, déroute souvent les critiques, et qu'ils ne découvrent pas tous les fils si minces, si secrets, presque invisibles, employés par certains artistes modernes à la place de la ficelle unique qui avait nom : l'Intrigue.

En somme, si le Romancier d'hier choisissait et racontait les crises de la vie, les états aigus de l'âme et du cœur, le Romancier d'aujourd'hui écrit l'histoire du cœur, de l'âme et de l'intelligence à l'état normal. Pour produire l'effet qu'il poursuit, c'est-à-dire

60 l'émotion de la simple réalité et pour dégager l'enseignement artistique qu'il en veut tirer, c'est-à-dire la révélation de ce qu'est véritablement l'homme contemporain devant ses yeux, il devra n'employer que des faits d'une vérité irrécusable et constante.

Mais en se plaçant au point de vue même de ces artistes réa-
65 listes, on doit discuter et contester leur théorie qui semble pouvoir être résumée par ces mots : « Rien que la vérité et toute la vérité. »

Leur intention étant de dégager la philosophie de certains faits constants et courants, ils devront souvent corriger les événements au profit de la vraisemblance et au détriment de la vérité, car
70 *Le vrai peut quelquefois n'être pas vraisemblable* [1].

Le réaliste, s'il est un artiste, cherchera, non pas à nous montrer la photographie banale de la vie, mais à nous en donner la vision plus complète, plus saisissante, plus probante que la réalité même.

75 Raconter tout serait impossible, car il faudrait alors un volume au moins par journée, pour énumérer les multitudes d'incidents insignifiants qui emplissent notre existence.

Un choix s'impose donc, – ce qui est une première atteinte à la théorie de toute la vérité.

80 La vie, en outre, est composée des choses les plus différentes, les plus imprévues, les plus contraires, les plus disparates ; elle est brutale, sans suite, sans chaîne, pleine de catastrophes inexplicables, illogiques et contradictoires qui doivent être classées au chapitre *faits divers*.

85 Voilà pourquoi l'artiste, ayant choisi son thème, ne prendra dans cette vie encombrée de hasards et de futilités que les détails caractéristiques utiles à son sujet, et il rejettera tout le reste, tout l'à-côté.

Un exemple entre mille :
90 Le nombre des gens qui meurent chaque jour par accident est considérable sur la terre. Mais pouvons-nous faire tomber une

---

1. Vers de Boileau (1636-1711) dans son *Art poétique*.

tuile sur la tête d'un personnage principal, ou le jeter sous les roues d'une voiture, au milieu d'un récit, sous prétexte qu'il faut faire la part de l'accident ?

95 La vie encore laisse tout au même plan, précipite les faits ou les traîne indéfiniment. L'art, au contraire, consiste à user de précautions et de préparations, à ménager des transitions savantes et dissimulées, à mettre en pleine lumière, par la seule adresse de la composition, les événements essentiels et à donner à tous les
100 autres le degré de relief qui leur convient, suivant leur importance, pour produire la sensation profonde de la vérité spéciale qu'on veut montrer.

Faire vrai consiste donc à donner l'illusion complète du vrai, suivant la logique ordinaire des faits, et non à les transcrire servi-
105 lement dans le pêle-mêle de leur succession.

J'en conclus que les Réalistes de talent devraient s'appeler plutôt des Illusionnistes.

■ Cézanne, *Pommes et Oranges*, 1899 (Paris, musée d'Orsay).

Cézanne peint des natures mortes depuis le début de sa carrière, mais ce n'est que dans les années 1890 que sa pratique du genre impose des lois de composition annonçant la peinture abstraite. Renouvelant en effet la tradition de la nature morte, il organise sa toile de manière rigoureuse, mathématique et dynamique. Ce tableau appartient à une série de six natures mortes peintes par Cézanne dans son atelier en 1899, où se retrouvent les mêmes objets : vaisselle de faïence, pichet au décor floral, et la même construction spatiale (une tenture ferme le tableau). *Pommes et Oranges* est sans nul doute la plus importante nature morte de l'artiste, qui voulait « étonner Paris avec des pommes ».

II. Une science du réel

Le roman du XIXe siècle affiche une volonté de sérieux et, dans cette ambition nouvelle de peindre le monde tel qu'il est, recourt fréquemment au discours scientifique : le romancier réaliste et naturaliste est un homme de science qui appuie son discours sur les propos scientifiques et médicaux de son temps. Ainsi, dans l'Avant-propos de *La Comédie humaine* en 1842, Balzac affirme avoir appliqué à l'étude de la société le modèle des sciences naturelles et de la zoologie. Les frères Goncourt, puis Zola s'appuient sur la médecine et étudient le personnage comme un cas pathologique, un malade, voire, suivant le modèle que propose Flaubert à Zola, un « cadavre humain ». Cette fréquence de la référence à la science et à la médecine illustre le désir d'atteindre la plus grande objectivité dans la représentation du réel.

1. Balzac et les « espèces sociales »

L'Avant-propos de *La Comédie humaine* est postérieur à une grande partie de cette somme romanesque que Balzac a fait paraître depuis 1828 et qu'il a réunie en 1840 sous ce titre. Il s'agit d'un texte fondamental pour comprendre le dessein de Balzac et sa conception du roman, qu'il élabore à partir de sa vision de l'homme et de la société. C'est d'une comparaison entre l'être humain et l'animal qu'il part, affirmant ainsi qu'il existe des « espèces sociales » comme il existe des « espèces zoologiques ». Si la société imite la nature, elle n'en est pas moins plus compliquée, car elle est « la Nature plus la Société ». La femme n'est pas semblable à l'homme comme la femelle l'est au mâle, le milieu auquel appartient l'être humain détermine son évolution, tout autant que la civilisation à laquelle il appartient et les conflits humains sont beaucoup plus complexes que ceux qui opposent les animaux.

Cet avant-propos permet en outre de percevoir l'intérêt que le romancier porte au cadre dans lequel vit l'individu et à ses mœurs, puisqu'il entend se faire l'historien des coutumes sociales, en imaginant une vaste symphonie où interviendront trois à quatre mille personnages. *La Comédie humaine* est composée sur la réapparition des personnages, qui resurgissent d'un roman à l'autre et assurent ainsi, auprès du lecteur, l'impression d'une société reproduite dans son intégralité. Il y a dans ce désir encyclopédique de peindre tout un monde, à une époque donnée – celle qui suit la Révolution de 1789 et s'étend jusqu'à la période contemporaine – une ambition totalisatrice que l'on retrouvera chez Zola, lorsqu'il entreprendra de raconter l'histoire d'une famille, celle des Rougon-Macquart, sous le Second Empire.

■ Balzac, Avant-propos de *La Comédie humaine*, 1842

L'idée première de *La Comédie humaine* fut d'abord chez moi comme un rêve, comme un de ces projets impossibles que l'on caresse et qu'on laisse s'envoler ; une chimère qui sourit, qui montre son visage de femme et qui déploie aussitôt ses ailes en 5 remontant dans un ciel fantastique. Mais la chimère, comme beaucoup de chimères, se change en réalité, elle a ses commandements et sa tyrannie auxquels il faut céder.

Cette idée vint d'une comparaison entre l'Humanité et l'Animalité.

10 Ce serait une erreur de croire que la grande querelle qui, dans ces derniers temps, s'est émue entre Cuvier[1] et Geoffroy Saint-Hilaire[2], reposait sur une innovation scientifique. L'*unité de composition* occupait déjà sous d'autres termes les plus grands esprits des deux siècles précédents. [...]. Il n'y a qu'un animal.

15 Le créateur ne s'est servi que d'un seul et même patron pour tous les êtres organisés. L'animal est un principe qui prend sa forme extérieure, ou, pour parler plus exactement, les différences de sa forme, dans les milieux où il est appelé à se développer. Les Espèces Zoologiques résultent de ces différences. La proclama-

20 tion et le soutien de ce système, en harmonie d'ailleurs avec les idées que nous nous faisons de la puissance divine, sera l'éternel honneur de Geoffroy Saint-Hilaire, le vainqueur de Cuvier sur ce point de la haute science [...].

Pénétré de ce système bien avant les débats auxquels il a donné

25 lieu, je vis que, sous ce rapport, la Société ressemblait à la Nature. La Société ne fait-elle pas de l'homme, suivant les milieux où son action se déploie, autant d'hommes différents qu'il y a de variétés en zoologie ? Les différences entre un soldat, un ouvrier, un administrateur, un avocat, un oisif, un savant, un homme d'État, un

30 commerçant, un marin, un poète, un pauvre, un prêtre, sont, quoique plus difficiles à saisir, aussi considérables que celles qui distinguent le loup, le lion, l'âne, le corbeau, le requin, le veau marin, la brebis, etc. Il a donc existé, il existera donc de tout temps des Espèces Sociales comme il y a des Espèces Zoologiques. Si

35 Buffon[3] a fait un magnifique ouvrage en essayant de représenter

---

1. *Georges Cuvier* (1769-1832) : savant et professeur d'histoire naturelle qui a affirmé contre Geoffroy Saint-Hilaire le principe de la fixité des espèces, principe qui fut abandonné par la suite.

2. *Étienne Geoffroy Saint-Hilaire* (1772-1844) : d'abord ami et collaborateur de Cuvier, il devint son opposant en affirmant l'unité de la composition organique des animaux, qui ne varie que dans ses parties, au cours d'une polémique qui allait remuer toute l'Europe savante au début des années 1830.

3. *Georges-Louis Buffon* (1707-1788) : il a entrepris une vaste classification de la nature dans son *Histoire naturelle* (36 volumes parus de 1749 à sa mort).

dans un livre l'ensemble de la zoologie, n'y avait-il pas une œuvre de ce genre à faire pour la Société ? Mais la Nature a posé, pour les variétés animales, des bornes entre lesquelles la Société ne devait pas se tenir. Quand Buffon peignait le lion, il achevait la lionne en
40 quelques phrases ; tandis que dans la Société la femme ne se trouve pas toujours être la femelle du mâle. Il peut y avoir deux êtres parfaitement dissemblables dans un ménage. La femme d'un marchand est quelquefois digne d'être celle d'un prince, et souvent celle d'un prince ne vaut pas celle d'un artiste. L'État Social a
45 des hasards que ne se permet pas la Nature, car il est la Nature plus la Société. La description des Espèces Sociales était donc au moins double de celle des Espèces Animales, à ne considérer que les deux sexes. Enfin, entre les animaux, il y a peu de drames, la confusion ne s'y met guère ; ils courent sus les uns aux autres,
50 voilà tout. Les hommes courent bien aussi les uns sur les autres ; mais leur plus ou moins d'intelligence rend le combat autrement compliqué. Si quelques savants n'admettent pas encore que l'Animalité se transborde dans l'Humanité par un immense courant de vie, l'épicier devient certainement pair [1] de France, et le noble
55 descend parfois au dernier rang social. Puis, Buffon a trouvé la vie excessivement simple chez les animaux. L'animal a peu de mobilier, il n'a ni arts ni sciences ; tandis que l'homme, par une loi qui est à rechercher, tend à représenter ses mœurs, sa pensée et sa vie dans tout ce qu'il approprie à ses besoins. [...]
60   Ainsi l'œuvre à faire devait avoir une triple forme : les hommes, les femmes et les choses, c'est-à-dire les personnes et la représentation matérielle qu'ils donnent de leur pensée ; enfin l'homme et la vie.

---

1. Pair : membre de la Haute Assemblée législative ou Chambre des pairs.

2. Un roman vrai : le roman de la rue

Edmond et Jules de Goncourt écrivent *Germinie Lacerteux* après avoir lu *Les Misérables* de Victor Hugo, roman qui les indigne parce qu'il ne peint pas selon eux le peuple tel qu'il est. Les frères Goncourt entreprennent également la rédaction de ce roman après avoir découvert que leur vieille servante, Rose Malingre, en qui ils avaient une confiance absolue, a en fait mené une vie secrète de débauche et d'alcoolisme. Ce mystère qu'ils ont côtoyé durant des années sans s'en apercevoir les incite à écrire la vie d'une domestique, Germinie, qui, totalement dévouée à une maîtresse qu'elle adore, parvient à lui dissimuler toute une part de sa vie, placée sous le signe de la maladie, car Germinie est atteinte d'hystérie et de nymphomanie.

Les Goncourt prétendent dans la préface à *Germinie Lacerteux* introduire le peuple en littérature. Pour eux, le roman doit descendre dans la rue, car la vérité de l'œuvre tient dans l'accord entre l'évolution de la société et le genre littéraire adopté. Cela justifie par ailleurs l'abandon de formes qui ont perdu leur validité (comme la tragédie), puisque la société qui les avait vu triompher (l'Ancien Régime) a disparu avec la Révolution.

Les romanciers se posent aussi en scientifiques : « l'étude qui suit est la clinique de l'Amour », analysant un cas pathologique, celui d'une maladie d'amour qui a pour noms hystérie et nymphomanie et dont le roman analyse très précisément les symptômes. Dans cette perspective, la science autorise tout, et les questions morales n'ont plus lieu d'être posées du fait du sérieux de l'entreprise : le romancier est un savant, un médecin, il ne fait qu'étudier un cas, mener une « enquête », ne cherchant ni à séduire son lecteur ni à le choquer.

■ Edmond et Jules de Goncourt, Préface de la 1ʳᵉ édition de *Germinie Lacerteux*, 1865

Il nous faut demander pardon au public de lui donner ce livre et l'avertir de ce qu'il y trouvera.

Le public aime les romans faux : ce roman est un roman vrai.

Il aime les livres qui font semblant d'aller dans le monde : ce
5 livre vient de la rue.

Il aime les petites œuvres polissonnes, les mémoires de filles, les confessions d'alcôves, les saletés érotiques, le scandale qui se retrousse dans une image aux devantures des libraires : ce qu'il va lire est sévère et pur. Qu'il ne s'attende point à la photographie
10 décolletée du plaisir : l'étude qui suit est la clinique de l'Amour.

Le public aime encore les lectures anodines et consolantes, les aventures qui finissent bien, les imaginations qui ne dérangent ni sa digestion ni sa sérénité : ce livre, avec sa triste et violente distraction, est fait pour contrarier ses habitudes et nuire à son hygiène.

15 Pourquoi donc l'avons-nous écrit ? Est-ce simplement pour choquer le public et scandaliser ses goûts ?

Non.

Vivant au XIXᵉ siècle, dans un temps de suffrage universel, de démocratie, de libéralisme, nous nous sommes demandé si ce
20 qu'on appelle « les basses classes » n'avait pas droit au Roman ; si ce monde sous un monde, le peuple, devait rester sous le coup de l'interdit littéraire et des dédains d'auteurs qui ont fait jusqu'ici le silence sur l'âme et le cœur qu'il peut avoir. Nous nous sommes demandé s'il y avait encore, pour l'écrivain et pour le lecteur, en
25 ces années d'égalité où nous sommes, des classes indignes, des malheurs trop bas, des drames trop mal embouchés, des catastrophes d'une terreur trop peu noble. Il nous est venu la curiosité de savoir si cette forme conventionnelle d'une littérature oubliée et d'une société disparue, la Tragédie, était définitivement morte ; si,
30 dans un pays sans caste et sans aristocratie légale, les misères des petits et des pauvres parleraient à l'intérêt, à l'émotion, à la pitié,

aussi haut que les misères des grands et des riches ; si, en un mot, les larmes qu'on pleure en bas pourraient faire pleurer comme celles qu'on pleure en haut.

35   Ces pensées nous avaient fait oser l'humble roman de *Sœur Philomène*, en 1861[1] ; elles nous font publier aujourd'hui *Germinie Lacerteux*.

    Maintenant, que ce livre soit calomnié : peu lui importe. Aujourd'hui que le Roman s'élargit et grandit, qu'il commence à
40 être la grande forme sérieuse, passionnée, vivante, de l'étude littéraire et de l'enquête sociale, qu'il devient, par l'analyse et par la recherche psychologique, l'Histoire morale contemporaine, aujourd'hui que le Roman s'est imposé les études et les devoirs de la science, il peut en revendiquer les libertés et les franchises.
45 Et qu'il cherche l'Art et la Vérité ; qu'il montre des misères bonnes à ne pas laisser oublier aux heureux de Paris ; qu'il fasse voir aux gens du monde ce que les dames de charité ont le courage de voir, ce que les reines d'autrefois faisaient toucher de l'œil à leurs enfants dans les hospices : la souffrance humaine,
50 présente et toute vive, qui apprend la charité ; que le Roman ait cette religion que le siècle passé appelait de ce large et vaste nom : *Humanité* ; – il lui suffit de cette conscience : son droit est là.

3. La reproduction exacte de la vie

    Le grand modèle de Zola, après Balzac, est incontestablement Flaubert. Dès 1875, il lui consacre une étude, dont nous reproduisons ici un extrait. Il la complète en 1880 et intègre l'ensemble dans son recueil d'articles, *Les Romanciers naturalistes*, publié en 1881.

---

1. Avant *Germinie Lacerteux*, les frères Goncourt ont publié *Charles Demailly* en 1860, *Sœur Philomène* en 1861 et *Renée Mauperin* (voir p. 85) en 1864. *Sœur Philomène* décrit la vie d'une religieuse d'hôpital.

Dans cette étude, c'est d'abord sur *Madame Bovary* que se penche Zola, archétype même, selon lui, du roman naturaliste, dans la mesure où il obéit à un certain nombre de critères : « la reproduction exacte de la vie », « l'absence de tout élément romanesque » (c'est-à-dire de faits extraordinaires, imprévus), le choix de scènes et d'épisodes ordinaires et typiques, la simplicité de l'intrigue, le refus du héros, d'un personnage hors du commun et grandi, l'effacement du narrateur qui s'abstient de commenter et de juger l'action et les personnages, le travail exigeant de la forme.

En cela, Flaubert a réalisé un roman naturaliste parfait, allant plus loin que Balzac qui non seulement crée volontiers des personnages colossaux et hors normes, compose des intrigues compliquées pleines de bouleversements et de retournements de situation, mais ne cesse de juger ses personnages et de donner son avis. En opposant Flaubert à Balzac, Zola cherche à montrer comment le premier a dépassé le second.

■ Zola, « Gustave Flaubert », *Le Messager de l'Europe*, 1875

Le premier caractère du roman naturaliste, dont *Madame Bovary*[1] est le type, est la reproduction exacte de la vie, l'absence de tout élément romanesque. La composition de l'œuvre ne consiste plus que dans le choix des scènes et dans un certain
5 ordre harmonique des développements. Les scènes sont elles-mêmes les premières venues : seulement, l'auteur les a soigneusement triées et équilibrées, de façon à faire de son ouvrage un monument d'art et de science. C'est de la vie exacte donnée dans un cadre admirable de facture. Toute invention extraordi-
10 naire en est donc bannie. On n'y rencontre plus des enfants

---

1. *Madame Bovary* est le premier roman que publie Flaubert en 1857. Le romancier sera poursuivi en correctionnelle pour outrage aux bonnes mœurs et à la morale publique, et acquitté. Son roman connaîtra un succès de scandale.

marqués à leur naissance, puis perdus, pour être retrouvés au dénouement. Il n'y est plus question de meubles à secret, de papiers qui servent, au bon moment, à sauver l'innocence persécutée[1]. Même toute intrigue manque, si simple qu'elle soit. Le roman va devant lui, contant les choses au jour le jour, ne ménageant aucune surprise, offrant tout au plus la matière d'un fait divers : et, quand il est fini, c'est comme si l'on quittait la rue pour rentrer chez soi. Balzac dans ses chefs-d'œuvre : *Eugénie Grandet*, *Les Parents pauvres*, *Le Père Goriot*[2], a donné ainsi des images d'une nudité magistrale, où son imagination s'est contentée de créer du vrai. Mais, avant d'en arriver à cet unique souci des peintures exactes, il s'était longtemps perdu dans les inventions les plus singulières, dans la recherche d'une terreur et d'une grandeur fausses ; et l'on peut même dire que jamais il ne se débarrassa tout à fait de son amour des aventures extraordinaires, ce qui donne à une bonne moitié de ses œuvres l'air d'un rêve énorme fait tout haut par un homme éveillé.

Où la différence est plus nette à saisir, c'est dans le second caractère du roman naturaliste. Fatalement, le romancier tue les héros, s'il n'accepte que le train ordinaire de l'existence commune. Par héros, j'entends les personnages grandis outre mesure, les pantins changés en colosses. Quand on se soucie peu de la logique du rapport des choses entre elles, des proportions précises de toutes les parties d'une œuvre, on se trouve bientôt emporté à vouloir faire preuve de force, à donner tout son sang et tous ses muscles au personnage pour lequel on éprouve des tendresses particulières. De là, ces grandes créations, ces types hors nature, debout, et dont les noms restent. Au contraire, les bonshommes se rapetissent et se mettent à leur rang, lorsqu'on éprouve la seule préoccupation d'écrire une œuvre vraie, pondérée, qui soit le

---

1. C'étaient là des éléments fréquemment employés par les romanciers des siècles antérieurs.
2. *Eugénie Grandet* est publié en 1833, *Le Père Goriot* en 1834. *Les Parents pauvres* regroupe *La Cousine Bette* (1846) et *Le Cousin Pons* (1847).

procès-verbal fidèle d'une aventure quelconque. Si l'on a l'oreille juste en cette matière, la première page donne le ton des autres pages, une tonalité harmonique s'établit, au-dessus de laquelle il n'est plus permis de s'élever, sans jeter la plus abominable des
45 fausses notes. On a voulu la médiocrité courante de la vie, et il faut y rester. La beauté de l'œuvre n'est plus dans le grandisse-ment d'un personnage, qui cesse d'être un avare, un gourmand, un paillard, pour devenir l'avarice, la gourmandise, la paillardise elles-mêmes ; elle est dans la vérité indiscutable du document
50 humain, dans la réalité absolue des peintures où tous les détails occupent leur place, et rien que cette place. Ce qui tiraille presque toujours les romans de Balzac, c'est le grossissement de ses héros ; il ne croit jamais les faire assez gigantesques : ses poings puissants de créateur ne savent forger que des géants. Dans la formule
55 naturaliste, cette exubérance de l'artiste, ce caprice de composi-tion promenant un personnage d'une grandeur hors nature au milieu de personnages nains, se trouve forcément condamné. Un égal niveau abaisse toutes les têtes, car les occasions sont rares où l'on ait vraiment à mettre en scène un homme supérieur.

60 J'insisterai enfin sur un troisième caractère. Le romancier naturaliste affecte de disparaître complètement derrière l'action qu'il raconte. Il est le metteur en scène caché du drame. Jamais ne se montre au bout d'une phrase. On ne l'entend ni rire ni pleurer avec ses personnages, pas plus qu'il ne se permet de
65 juger leurs actes. C'est même cet apparent désintéressement qui est le trait le plus distinctif. On chercherait en vain une conclu-sion, une moralité, une leçon quelconque tirée des faits. Il n'y a d'étalés, de mis en lumière, uniquement que les faits, louables ou condamnables. L'auteur n'est pas un moraliste, mais un anato-
70 miste qui se contente de dire ce qu'il trouve dans le cadavre humain. Les lecteurs concluront, s'ils le veulent, chercheront la vraie moralité, tâcheront de tirer une leçon du livre. Quant au romancier, il se tient à l'écart, surtout par un motif d'art, pour laisser à son œuvre son unité impersonnelle, son caractère de

procès-verbal écrit à jamais sur le marbre. Il pense que sa propre émotion gênerait celle de ses personnages, que son jugement atténuerait la hautaine leçon des faits. C'est là toute une poétique nouvelle dont l'application change la face du roman. Il faut se reporter aux romans de Balzac, à sa continuelle intervention
80 dans le récit, à ses réflexions d'auteur qui arrivent à toutes les lignes, aux moralités de toutes sortes qu'il croit devoir tirer de ses œuvres. Il est sans cesse là, à s'expliquer devant les lecteurs. Et je ne parle pas des digressions. Certains de ses romans sont une véritable causerie avec le public, quand on les compare aux
85 romans naturalistes de ces vingt dernières années, d'une composition si sévère et si pondérée.

4. La théorie du roman expérimental

L'ouvrage théorique que Zola fait paraître en 1880 sous le titre *Le Roman expérimental* est un recueil d'articles que le romancier a déjà publiés dans diverses revues. Dans la longue étude qui donne son titre au recueil[1], il formule sa doctrine, fondée sur la théorie expérimentale du médecin Claude Bernard[2] qu'il s'efforce d'adapter au roman.

C'est la science, et plus précisément la médecine, qui sert de modèle à la création romanesque. Le romancier est semblable à un scientifique ; il fait du personnage l'objet principal de son expérimentation. Le personnage, en effet, est soumis à une série d'épreuves, destinées à mettre à nu le mécanisme et les causes de ses passions : c'est le cas du personnage du baron Hulot dans *La Cousine Bette* de Balzac, premier roman expérimental selon Zola.

---

1. Première publication en 1879 dans une revue russe de Saint-Pétersbourg, *Le Messager de l'Europe*.
2. *Claude Bernard* (1813-1878) : médecin et biologiste, il a publié en 1865 son *Introduction à l'étude de la médecine expérimentale*.

On assiste dès lors à la naissance d'un roman de laboratoire : le romancier se contente, après avoir déterminé un milieu (temps, espace, classe sociale, etc.), d'y introduire le personnage et note scrupuleusement ses réactions et les conséquences de cette immersion. C'est le schéma de nombre des romans de Zola, qui reposent sur l'intrusion d'un nouveau venu dans un milieu qu'il ignore : Florent, échappé du bagne et s'installant chez son frère aux Halles dans *Le Ventre de Paris* (1873), l'abbé Mouret plongé dans la nature luxuriante du Paradou après sa fièvre cérébrale dans *La Faute de l'abbé Mouret* (1875), Jean s'insérant tant bien que mal dans le village de *La Terre* (1887), etc. Il est bien rare que l'intégration soit satisfaisante, et l'expérience s'achève généralement par un rejet (l'arrestation de Florent par exemple) ou un départ. Emblématique est en cela la fin de *Germinal* (1885) qui voit le héros Étienne Lantier quitter la mine du Voreux et les mineurs aux côtés desquels il s'est battu.

La théorie du *Roman expérimental* a été vivement critiquée à l'époque, parce qu'elle repose de fait sur une illusion : les personnages d'un roman sont imaginaires, ils sont choisis par le romancier, tout comme l'action qu'il va dérouler dans son récit. Dès lors le romancier ne saurait être identifié au savant, du fait de la subjectivité de son choix. Il n'en demeure pas moins qu'un certain nombre d'éléments de cette doctrine méritent d'être retenus, et en particulier l'idée, chère à Zola, que le naturalisme est une méthode : méthode d'observation et d'investigation du réel, au cœur de laquelle le « document humain » joue un rôle fondamental.

■ Zola, *Le Roman expérimental*, 1880

Le romancier est fait d'un observateur et d'un expérimentateur. L'observateur chez lui donne les faits tels qu'il les a observés, pose le point de départ, établit le terrain solide sur lequel vont marcher les personnages et se développer les phénomènes. Puis
5 l'expérimentateur paraît et institue l'expérience, je veux dire fait mouvoir les personnages dans une histoire particulière, pour y

montrer que la succession des faits y sera telle que l'exige le déterminisme des phénomènes mis à l'étude. C'est presque toujours ici une expérience «pour voir», comme l'appelle Claude Bernard. Le romancier part à la recherche d'une vérité. Je prendrai comme exemple la figure du baron Hulot, dans *La Cousine Bette*[1], de Balzac. Le fait général observé par Balzac est le ravage que le tempérament amoureux d'un homme amène chez lui, dans sa famille et dans la société. Dès qu'il a eu choisi son sujet, il est parti des faits observés, puis il a institué son expérience en soumettant Hulot à une série d'épreuves, en le faisant passer par certains milieux, pour montrer le fonctionnement du mécanisme de sa passion. Il est donc évident qu'il n'y a pas seulement là observation, mais qu'il y a aussi expérimentation, puisque Balzac ne s'en tient pas strictement en photographe aux faits recueillis par lui, puisqu'il intervient d'une façon directe pour placer son personnage dans des conditions dont il reste le maître. Le problème est de savoir ce que telle passion, agissant dans tel milieu et dans telles circonstances, produira au point de vue de l'individu et de la société ; et un roman expérimental, *La Cousine Bette* par exemple, est simplement le procès-verbal de l'expérience, que le romancier répète sous les yeux du public. En somme, toute l'opération consiste à prendre les faits dans la nature, puis à étudier le mécanisme des faits, en agissant sur eux par les modifications des circonstances et des milieux, sans jamais s'écarter des lois de la nature. Au bout, il y a la connaissance de l'homme, la connaissance scientifique, dans son action individuelle et sociale.

Sans doute, nous sommes loin ici des certitudes de la chimie et même de la physiologie. Nous ne connaissons point encore les réactifs qui décomposent les passions et qui permettent de les analyser. Souvent, dans cette étude, je rappellerai ainsi que le roman expérimental est plus jeune que la médecine expérimentale,

---

1. Le roman est paru en 1846. Il forme un diptyque avec *Le Cousin Pons* publié l'année suivante.

laquelle pourtant est à peine née. Mais je n'entends pas constater les résultats acquis, je désire simplement exposer clairement une
40 méthode. Si le romancier expérimental marche encore à tâtons dans la plus obscure et la plus complexe des sciences, cela n'empêche pas cette science d'exister. Il est indéniable que le roman naturaliste, tel que nous le comprenons à cette heure, est une expérience véritable que le romancier fait sur l'homme, en
45 s'aidant de l'observation. [...]

Je citerai encore cette image de Claude Bernard, qui m'a beaucoup frappé : « L'expérimentateur est le juge d'instruction de la nature. » Nous autres romanciers, nous sommes les juges d'instruction des hommes et de leurs passions.

III. Une visée encyclopédique

Le romancier prétend proposer une représentation totale du monde. Balzac veut ainsi peintre toute une société à travers trois ou quatre mille personnages fictifs, et le narrateur de *Facino Cane* accompagne les ouvriers de son quartier dans leur vie intime pour les connaître intuitivement, en surface et en profondeur.

Mais, s'il s'intéresse aux êtres, le romancier se penche aussi sur les choses, sur les transformations du monde moderne : les Halles de Paris ou le train, domaines sur lesquels Zola cherche à donner le maximum d'informations. Le roman réaliste se fait alors pédagogique. Il propose un savoir sur le monde et devient l'équivalent d'une encyclopédie.

1. Observation et intuition

Facino Cane, nouvelle publiée par Balzac en 1836 et intégrée ensuite dans la section *Scènes de la vie parisienne* de *La Comédie humaine*, s'ouvre sur les confidences du narrateur (qui s'exprime à la première personne) : il affirme sa capacité d'observation qui s'exerce sur la population ouvrière, ses habitudes, son mode de vie. Se mêlant aux ouvriers, dont il porte l'habit, il est également capable de suivre un couple au sortir du théâtre et d'écouter sa conversation. Cette pénétration de l'intimité l'amène à s'identifier à ces gens, à devenir eux. L'observation n'est donc pas superficielle, elle va au-delà des apparences et se combine à l'intuition. C'est dire qu'elle est

■ Monet, *La Gare Saint-Lazare*, 1877 (Paris, musée d'Orsay).

Dans la lignée des réalistes, les impressionnistes prétendent peindre la réalité dans son intégralité et particulièrement la ville – que leurs prédécesseurs ont peu représentée – dans sa modernité. *La Gare Saint-Lazare*, qui inspire au peintre une série de toiles selon un principe qu'il reproduira ensuite, notamment dans la série des *Cathédrales de Rouen*, est le lieu moderne par excellence, que l'artiste cherche à restituer ici dans son mouvement, celui-là même de la vie moderne. L'architecture de métal et de verre de la gare est en accord avec l'œuvre moderne, qui rejette l'idée d'une beauté intrinsèque à l'objet, au profit de l'*impression* que l'on éprouve face à lui.

indissociable du travail de l'imagination, et la référence au derviche des *Mille et Une Nuits* le confirme : observation, intuition et imagination font du romancier tout à la fois un être soucieux de la réalité et un visionnaire.

La représentation du romancier en flâneur comporte manifestement une part d'autobiographie (le jeune homme qui vit dans une mansarde rue de Lesdiguières, c'est Balzac lui-même, qui a habité cette rue dans sa jeunesse). Elle introduit surtout la visée totalisante et encyclopédique du roman qui veut désormais peindre tous les mondes, la société dans son intégralité.

■ Balzac, *Facino Cane*, 1836

Je demeurais alors dans une petite rue que vous ne connaissez sans doute pas, la rue de Lesdiguières : elle commence à la rue Saint-Antoine, en face d'une fontaine près de la place de la Bastille et débouche dans la rue de la Cerisaie [1]. L'amour de la science
5   m'avait jeté dans une mansarde où je travaillais pendant la nuit, et je passais le jour dans une bibliothèque voisine, celle de MONSIEUR [2]. Je vivais frugalement, j'avais accepté toutes les conditions de la vie monastique, si nécessaire aux travailleurs. Quand il faisait beau, à peine me promenais-je sur le boulevard Bourdon. Une
10 seule passion m'entraînait en dehors de mes habitudes studieuses ; mais n'était-ce pas encore de l'étude ? j'allais observer les mœurs du faubourg, ses habitants et leurs caractères. Aussi mal vêtu que les ouvriers, indifférent au décorum [3], je ne les mettais point en garde contre moi ; je pouvais me mêler à leurs groupes, les voir
15 concluant leurs marchés, et se disputant à l'heure où ils quittent le travail. Chez moi l'observation était déjà devenue intuitive, elle

---

1. Ce quartier parisien est celui de la Bastille, du côté du Marais.
2. C'est-à-dire à la bibliothèque de l'Arsenal, ouverte en 1797 dans l'hôtel particulier du comte d'Artois, Monsieur, frère du roi Louis XVI.
3. *Décorum* : convenances en usage dans la bonne société.

pénétrait l'âme sans négliger le corps ; ou plutôt elle saisissait si bien les détails extérieurs, qu'elle allait sur-le-champ au-delà ; elle me donnait la faculté de vivre de la vie de l'individu sur laquelle
20 elle s'exerçait, en me permettant de me substituer à lui comme le derviche des *Mille et Une Nuits*[1] prenait le corps et l'âme des personnes sur lesquelles il prononçait certaines paroles.

Lorsque, entre onze heures et minuit, je rencontrais un ouvrier et sa femme revenant ensemble de l'Ambigu-Comique[2], je m'amu-
25 sais à les suivre depuis le boulevard du Pont-aux-Choux jusqu'au boulevard Beaumarchais. Ces braves gens parlaient d'abord de la pièce qu'ils avaient vue ; de fil en aiguille, ils arrivaient à leurs affaires ; la mère tirait son enfant par la main, sans écouter ni ses plaintes ni ses demandes ; les deux époux comptaient l'argent qui
30 leur serait payé le lendemain, ils le dépensaient de vingt manières différentes. C'était alors des détails de ménage, des doléances sur le prix excessif des pommes de terre, ou sur la longueur de l'hiver et le renchérissement des mottes[3], des représentations énergiques sur ce qui était dû au boulanger ; enfin des discussions qui s'enve-
35 nimaient, et où chacun d'eux déployait son caractère en mots pittoresques. En entendant ces gens, je pouvais épouser leur vie, je me sentais leurs guenilles sur le dos, je marchais les pieds dans leurs souliers percés ; leurs désirs, leurs besoins, tout passait dans mon âme, ou mon âme passait dans la leur. C'était le rêve d'un
40 homme éveillé. Je m'échauffais avec eux contre les chefs d'atelier qui les tyrannisaient, ou contre les mauvaises pratiques qui les faisaient revenir plusieurs fois sans les payer. Quitter ses habitudes, devenir un autre que soi par l'ivresse des facultés morales, et jouer ce jeu à volonté, telle était ma distraction. À quoi dois-je ce
45 don ? Est-ce une seconde vue ? est-ce une de ces qualités dont l'abus mènerait à la folie ? Je n'ai jamais recherché les causes de

---

1. Les contes orientaux des *Mille et Une Nuits* ont été traduits en français au XVIIIe siècle par Antoine Galland et ont connu un immense succès.
2. Théâtre construit en 1827 où se jouaient des mélodrames.
3. Mottes de charbon ou de tourbe qui servaient à se chauffer.

cette puissance ; je la possède et m'en sers, voilà tout. Sachez
seulement que, dès ce temps, j'avais décomposé les éléments de
cette masse hétérogène nommée le peuple, que je l'avais analysée
50 de manière à pouvoir évaluer ses qualités bonnes ou mauvaises. Je
savais déjà de quelle utilité pourrait être ce faubourg, ce séminaire
de révolutions qui renferme des héros, des inventeurs, des savants
pratiques, des coquins, des scélérats, des vertus et des vices, tous
comprimés par la misère, étouffés par la nécessité, noyés dans le
55 vin, usés par les liqueurs fortes. Vous ne sauriez imaginer combien
d'aventures perdues, combien de drames oubliés dans cette ville
de douleur ! Combien d'horribles et belles choses ! L'imagination
n'atteindra jamais au vrai qui s'y cache et que personne ne peut
aller découvrir ; il faut descendre trop bas pour trouver ces admi-
60 rables scènes ou tragiques ou comiques, chefs-d'œuvre enfantés
par le hasard.

2. Description en forme d'inventaire

À la façon d'un Balzac, le romancier naturaliste cherche, en péda-
gogue, à délivrer un savoir sur le monde, à transmettre au lecteur un
certain nombre d'informations sur des domaines divers qui corres-
pondent aux réalités de son temps. Le monde moderne avec ses nouvelles réalités économiques issues de la révolution industrielle, ses
nouvelles structures (les grands magasins ou les Halles), ses nouveaux modes de transport (le train) ou d'exploitation de la nature (la
mine), devient un domaine d'investigation privilégié pour le romancier. Contemporains des grands dictionnaires de Littré ou de Larousse,
les romans de Zola sont à leur manière des encyclopédies racontées,
ils prétendent mettre à la portée du lecteur un savoir immense sous
une forme attrayante.

L'importance de la description qui tend à se transformer en énu-
mération est donc au service d'un projet pédagogique, dans lequel le

personnage est chargé de transmettre les données de la manière la plus naturelle possible : soit par son regard (la description est alors livrée par l'intermédiaire du regard du personnage, en focalisation interne [1]), soit par son discours (le personnage est alors un guide, qui promène un autre personnage dans un univers qu'il ne connaît pas), soit par son action (le personnage est représenté en train d'accomplir son métier, fabriquer du boudin ou conduire une locomotive).

Ici, M. Verlaque inspecteur à la marée aux Halles, doit quitter sa place pour un congé de maladie, et il guide son remplaçant, Florent, à travers les étalages de poissons, pour l'instruire de ses nouvelles fonctions.

■ Zola, *Le Ventre de Paris*, 1873

Cependant, les crevettes roses, les crevettes grises, dans des bourriches, mettaient, au milieu de la douceur effacée de leurs tas, les imperceptibles boutons de jais de leurs milliers d'yeux ; les langoustes épineuses, les homards tigrés de noir, vivants

5 encore, se traînant sur leurs pattes cassées, craquaient.

Florent écoutait mal les explications de monsieur Verlaque. Une barre de soleil, tombant du haut vitrage de la rue couverte, vint allumer ces couleurs précieuses, lavées et attendries par la vague, irisées et fondues dans les tons de chair des coquillages,

10 l'opale des merlans, la nacre des maquereaux, l'or des rougets, la robe lamée des harengs, les grandes pièces d'argenterie des saumons. C'était comme les écrins, vidés à terre, de quelque fille des eaux, des parures inouïes et bizarres, un ruissellement, un entassement de colliers, de bracelets monstrueux, de broches gigan-

15 tesques, de bijoux barbares, dont l'usage échappait. Sur le dos des raies et des chiens de mer, de grosses pierres sombres, violâtres, verdâtres, s'enchâssaient dans un métal noirci ; et les

---

1. C'est-à-dire lorsque le lecteur découvre les objets décrits à travers le regard du personnage, et non par l'intermédiaire d'un narrateur omniscient.

minces barres des équilles, les queues et les nageoires des éperlans, avaient des délicatesses de bijouterie fine. [...]

20 Monsieur Verlaque toussa. L'humidité le pénétrait, il se serrait plus étroitement dans son cache-nez.

«Maintenant, dit-il, nous allons passer au poisson d'eau douce.»

Là, du côté du pavillon aux fruits, et le dernier vers la rue
25 Rambuteau, le banc de la criée[1] est entouré de deux viviers circulaires, séparés en cases distinctes par des grilles de fonte. Des robinets de cuivre, à col de cygne, jettent de minces filets d'eau. Dans chaque case, il y a des grouillements confus d'écrevisses, des nappes mouvantes de dos noirâtres de carpes, des
30 nœuds vagues d'anguilles, sans cesse dénoués et renoués. Monsieur Verlaque fut repris d'une toux opiniâtre. L'humidité était plus fade, une odeur molle de rivière, d'eau tiède endormie sur le sable.

L'arrivage des écrevisses d'Allemagne, en boîtes et en paniers,
35 était très fort ce matin-là. Les poissons blancs de Hollande et d'Angleterre encombraient aussi le marché. On déballait les carpes du Rhin, mordorées, si belles avec leurs roussissures métalliques, et dont les plaques d'écailles ressemblent à des émaux cloisonnés et bronzés ; les grands brochets, allongeant leurs becs féroces,
40 brigands des eaux, rudes, d'un gris de fer ; les tanches, sombres et magnifiques, pareilles à du cuivre rouge taché de vert-de-gris. Au milieu de ces dorures sévères, les mannes de goujons et de perches, les lots de truites, les tas d'ablettes communes, de poissons plats pêchés à l'épervier, prenaient des blancheurs vives, des échines
45 bleuâtres d'acier peu à peu amollies dans la douceur transparente des ventres ; et de gros barbillons, d'un blanc de neige, étaient la note aiguë de lumière de cette colossale nature morte. Doucement, dans les viviers, on versait des sacs de jeunes carpes ; les carpes tournaient sur elles-mêmes, restaient un instant à plat, puis filaient,

---

1. *Criée* : lieu où l'on vend le poisson aux enchères.

50 se perdaient. Des paniers de petites anguilles se vidaient d'un bloc, tombaient au fond des cases comme un seul nœud de serpents ; tandis que les grosses, celles qui avaient l'épaisseur d'un bras d'enfant, levant la tête, se glissaient d'elles-mêmes sous l'eau, du jet souple des couleuvres qui se cachent dans un buisson. Et
55 couchés sur l'osier sali des mannes, des poissons dont le râle durait depuis le matin, achevaient longuement de mourir, au milieu du tapage des criées ; ils ouvraient la bouche, les flancs serrés, comme pour boire l'humidité de l'air, et ces hoquets silencieux, toutes les trois secondes, bâillaient démesurément.

60 Cependant monsieur Verlaque avait ramené Florent aux bancs de la marée. Il le promenait, lui donnait des détails très compliqués. Aux trois côtés intérieurs du pavillon, autour des neuf bureaux, des flots de foule s'étaient massés, qui faisaient sur chaque bord des tas de têtes moutonnantes, dominées par des
65 employés, assis et haut perchés, écrivant sur des registres.

3. Un savoir technique

Après le rôle de visiteur qu'il lui fait endosser dans la description d'un pavillon des Halles, c'est celui du technicien que Zola prête à son personnage dans ce passage de *La Bête humaine*, roman ferroviaire.

Jacques Lantier, assure la liaison entre Paris et Le Havre sur une locomotive qu'il chérit comme une femme et qu'il a prénommée la Lison. Cependant, depuis sa rencontre avec Séverine, qui doit prendre le train ce jour-là, la Lison se voit reléguée au statut de machine obéissante et s'efface devant l'image de la jeune femme dans l'esprit du mécanicien.

Préparant ici sa machine, Jacques livre au lecteur, par les gestes qu'il accomplit, toute la matière technique du fonctionnement d'une locomotive : l'attestent la présence de nombreux termes appartenant à un vocabulaire spécialisé et la décomposition très exacte des gestes du mécanicien. Puis c'est l'itinéraire du train au sortir de Paris, que Zola lui-même, préparant son roman, a suivi sur une locomotive, qui est évoqué.

■ Zola, *La Bête humaine*, 1890

Et, malgré le bon état de chaque pièce, il continuait à hocher la tête. Il fit jouer les manettes, s'assura du fonctionnement de la soupape[1]. Il monta sur le tablier[2], alla emplir lui-même les godets graisseurs des cylindres[3] ; pendant que le chauffeur essuyait le
5 dôme[4], où restaient de légères traces de rouille. La tringle de la sablière[5] marchait bien, tout aurait dû le rassurer. C'était que, dans son cœur, la Lison ne se trouvait plus seule. Une autre tendresse y grandissait, cette créature mince, si fragile, qu'il revoyait toujours près de lui, sur le banc du square, avec sa faiblesse câline,
10 qui avait besoin d'être aimée et protégée. Jamais, quand une cause involontaire l'avait mis en retard, qu'il lançait sa machine à une vitesse de quatre-vingts kilomètres, jamais il n'avait songé aux dangers que pouvaient courir les voyageurs. Et voilà que la seule idée de reconduire au Havre cette femme presque détestée le matin,
15 amenée avec ennui, le travaillait d'une inquiétude, de la crainte d'un accident, où il se l'imaginait blessée par sa faute, mourante entre ses bras. Dès maintenant, il avait charge d'amour. La Lison, soupçonnée, ferait bien de se conduire correctement, si elle voulait garder son renom de bonne marcheuse.

---

1. *Soupape* : pièce qui permet à l'excès de vapeur de s'échapper au-dessus de la locomotive.
2. *Tablier* : marchepied qui fait le tour de la locomotive.
3. *Cylindres* : pièces placées sur les côtés et servant de moteur dans lequel la vapeur actionne le piston et détermine son mouvement.
4. *Dôme* : endroit où sèche la vapeur, ensuite conduite dans les tiroirs.
5. *Sablière* : réserve de sable destinée à aider la locomotive à démarrer lorsque le temps est humide.

20   Six heures sonnèrent, Jacques et Pecqueux montèrent sur le petit pont de tôle qui reliait le tender à la machine ; et, le dernier ayant ouvert le purgeur [1] sur un signe de son chef, un tourbillon de vapeur blanche emplit le hangar noir. Puis, obéissant à la manette du régulateur [2], lentement tournée par le mécanicien, la Lison
25 démarra, sortit du dépôt, siffla pour se faire ouvrir la voie. Presque tout de suite, elle put s'engager dans le tunnel des Batignolles. Mais, au pont de l'Europe, il lui fallut attendre ; et il n'était que l'heure réglementaire, lorsque l'aiguilleur l'envoya sur l'express de six heures trente, auquel deux hommes d'équipe l'attelèrent soli-
30 dement.

    On allait partir, il n'y avait plus que cinq minutes, et Jacques se penchait, surpris de ne pas voir Séverine au milieu de la boyscu-lade des voyageurs. Il était bien certain qu'elle ne monterait pas, sans être d'abord venue jusqu'à lui. Enfin, elle parut, en retard,
35 courant presque. Et, en effet, elle longea tout le train, ne s'arrêta qu'à la machine, le teint animé, exultante de joie. […]

    Mais les portières battaient, Séverine n'eut que le temps de monter ; et Jacques, au signal du conducteur-chef, siffla, puis ouvrit le régulateur. On partit. […]

40   Et, sur la Lison, Jacques, monté à droite, chaudement vêtu d'un pantalon et d'un bourgeron [3] de laine, portant des lunettes à œillères de drap, attachées derrière la tête, sous sa casquette, ne quittait plus la voie des yeux, se penchait à toute seconde, en dehors de la vitre de l'abri, pour mieux voir. Rudement secoué par
45 la trépidation, n'en ayant pas même conscience, il avait la main droite sur le volant du changement de marche, comme un pilote sur la roue du gouvernail ; il le manœuvrait d'un mouvement insensible et continu, modérant, accélérant la vitesse ; et, de la main gauche, il ne cessait de tirer la tringle du sifflet, car la sortie

---

1. *Purgeur* : robinet automatique de purge de la vapeur.

2. *Régulateur* : valve de fermeture qui maintient la vapeur à peu près constante.

3. *Bourgeron* : sorte de blouse que portaient les ouvriers.

⁵⁰ de Paris est difficile, pleine d'embûches. Il sifflait aux passages à niveau, aux gares, aux tunnels, aux grandes courbes. Un signal rouge s'étant montré, au loin, dans le jour tombant, il demanda longuement la voie, passa comme un tonnerre. À peine, de temps à autre, jetait-il un coup d'œil sur le manomètre[1], tournant le petit
⁵⁵ volant de l'injecteur[2], dès que la pression atteignait dix kilogrammes. Et c'était sur la voie toujours, en avant, que revenait son regard, tout à la surveillance des moindres particularités, dans une attention telle, qu'il ne voyait rien autre, qu'il ne sentait même pas le vent souffler en tempête. Le manomètre baissa, il
⁶⁰ ouvrit la porte du foyer, en haussant la crémaillère[3] ; et Pecqueux, habitué au geste, comprit, cassa à coups de marteau du charbon, qu'il étala avec la pelle, en une couche bien égale, sur toute la largeur de la grille. Une chaleur ardente leur brûlait les jambes à tous deux ; puis, la porte refermée, de nouveau le courant d'air
⁶⁵ glacé souffla.

---

1. *Manomètre* : appareil servant à mesurer la tension de la vapeur.
2. *Injecteur* : appareil qui permet d'introduire de l'eau froide dans la chaudière pour faire baisser la pression.
3. *Crémaillère* : appareil servant à baisser ou élever la partie mobile de la porte, qui sépare la locomotive du tender (wagon-auxiliaire d'une locomotive à vapeur qui contient le combustible et l'eau, nécessaires à son fonctionnement).

■ Renoir, *Le Moulin de la Galette*, 1876 (Paris, musée d'Orsay).

C'est en 1876, à l'exposition qu'organisent les impressionnistes en marge des salons officiels, que *Le Moulin de la Galette* est présenté pour la première fois. Vers 1870, Renoir, très lié à Monet, élabore un style propre, qui lui permet de rendre la vie de son temps : ce sont les danseuses du Moulin de la Galette, cabaret qu'il fréquente assidûment, les canotiers de Chatou ou de petits-bourgeois s'adonnant à leurs passe-temps favoris qu'il représente, se faisant ainsi le peintre des joies populaires. Il utilise ici les effets tachetés de la lumière qui filtre à travers les arbres un après-midi d'été pour rendre l'animation de la danse, au second plan, et représenter ces visages noyés de bonheur (les couples attablés au premier plan). C'est manifestement un âge d'or qu'il peint ici.

IV. La vie telle qu'elle est

Peindre la réalité suppose de représenter la vie telle qu'elle s'écoule de manière ordinaire, dans sa monotonie et sa platitude, à travers l'évocation de personnages communs, qui ne ressemblent plus aux héros que peignaient les romans classiques. C'est ainsi la chronique des faits quotidiens, des existences banales que livre le roman réaliste et naturaliste : description d'une ville de province, d'un café de village, évocation d'épisodes qui surviennent dans toute existence (mariage d'Emma et de Charles dans *Madame Bovary*), dialogue d'une maîtresse et de sa servante. Les derniers mots d'*Une vie* de Maupassant, définition de la vie et de ses aléas, pourraient en cela résumer la philosophie de l'existence des romanciers du réel.

1. Description d'une ville de province

Eugénie Grandet, l'un des plus célèbres romans de Balzac, est publié en 1833, soit un an avant *Le Père Goriot* et près de dix ans avant l'Avant-propos de *La Comédie humaine* (voir p. 42). Ce court roman décrit la lente et morne existence de province à Saumur, au début du XIXᵉ siècle. La famille Grandet, sur laquelle règne un père avare et despotique, mène selon un rituel immuable une existence étroite, où nulle fantaisie n'est jamais permise, où les morceaux de sucre sont impitoyablement comptés et où les femmes ne sortent de la maison que pour se rendre à l'église. C'est cette maison qui est peinte dans l'*incipit* du roman : comparé à un « cloître », placé sous le signe de la « mélancolie », le logis des Grandet est d'emblée assimilé à un lieu de mort, ou tout au moins à un espace marqué par l'immobilité et le silence.

Mais c'est avant tout comme un lieu réel que cette maison est décrite : l'emploi du présent, les détails qui produisent un « effet de réel » (voir p. 97), l'adresse au lecteur donnent l'impression que cette maison n'est pas fictive, provoquant une remise en cause de l'illusion romanesque. Certes, c'est bien une histoire que je vais raconter, semble dire le romancier, mais elle est en tous points vraie, comme sont véritables Saumur, ses remparts, cette petite rue tortueuse et le logis de Grandet.

Par ailleurs, en décrivant le logis des Grandet comme un cloître ou en le comparant à une lande désertée, Balzac prépare l'introduction des personnages qui, comme la perle est produite par l'huître, seront les produits de la demeure : Eugénie enfermée et condamnée à une vie quasi monastique durant la majeure partie du récit, sa mère tout aussi contrainte. Au-delà du réalisme des détails, la description inaugurale se veut symboliquement annonciatrice de la suite.

■ Balzac, *Eugénie Grandet*, 1833

Il se trouve dans certaines villes de province des maisons dont la vue inspire une mélancolie égale à celle que provoquent les cloîtres les plus sombres, les landes les plus ternes ou les ruines les plus tristes. Peut-être y a-t-il à la fois dans ces maisons et le silence
5 du cloître et l'aridité des landes et les ossements des ruines. La vie et le mouvement y sont si tranquilles qu'un étranger les croirait inhabitées, s'il ne rencontrait tout à coup le regard pâle et froid d'une personne immobile dont la figure à demi monastique dépasse l'appui de la croisée, au bruit d'un pas inconnu. Ces prin-
10 cipes de mélancolie existent dans la physionomie d'un logis situé à Saumur, au bout de la rue montueuse qui mène au château, par le haut de la ville. Cette rue, maintenant peu fréquentée, chaude en été, froide en hiver, obscure en quelques endroits, est remarquable

par la sonorité de son petit pavé caillouteux, toujours propre et
15 sec, par l'étroitesse de sa voie tortueuse, par la paix de ses maisons
qui appartiennent à la vieille ville, et que dominent les remparts.
Des habitations trois fois séculaires y sont encore solides, quoique
construites en bois, et leurs divers aspects contribuent à l'originali-
lité qui recommande cette partie de Saumur à l'attention des anti-
20 quaires [1] et des artistes. Il est difficile de passer devant ces maisons,
sans admirer les énormes madriers [2] dont les bouts sont taillés en
figures bizarres et qui couronnent d'un bas-relief noir le rez-de-
chaussée de la plupart d'entre elles. Ici, des pièces de bois transver-
sales sont couvertes en ardoises et dessinent des lignes bleues sur
25 les frêles murailles d'un logis terminé par un toit en colombage que
les ans ont fait plier, dont les bardeaux [3] pourris ont été tordus par
l'action alternative de la pluie et du soleil. Là se présentent des
appuis de fenêtre usés, noircis, dont les délicates sculptures se
voient à peine, et qui semblent trop légers pour le pot d'argile
30 brune d'où s'élancent les œillets ou les rosiers d'une pauvre
ouvrière. Plus loin, c'est des portes garnies de clous énormes où le
génie de nos ancêtres a tracé des hiéroglyphes domestiques dont le
sens ne se retrouvera jamais. Tantôt un protestant y a signé sa foi,
tantôt un ligueur y a maudit Henri IV [4]. Quelque bourgeois y a
35 gravé les insignes de sa *noblesse de cloches* [5], la gloire de son éche-
vinage oublié. L'Histoire de France est là tout entière.

---

1. Le terme d'***antiquaire*** désignait au XIXe siècle tous ceux qui s'intéressaient
aux vestiges du passé.
2. ***Madriers*** : dans une charpente, poutres.
3. ***Bardeaux*** : petites planches de bois qui remplaçaient les tuiles ou les
ardoises dans une toiture.
4. Au moment des guerres de Religion (1562-1598), Saumur avait choisi le
parti protestant. C'est dans cette ville qu'Henri de Navarre abjura le catholicisme que le roi Charles IX lui avait imposé. Les ligueurs constituaient le parti
catholique avec à leur tête le duc de Guise.
5. « On appelle gentilshommes de la cloche les descendants des maires et des
échevins de certaines villes où ces charges annoblissent. On les appelle ainsi
parce que les Assemblées où ces officiers s'élisent se font au son de la cloche. »
(*Dictionnaire de l'Académie*, 1798).

2. Un monde ordinaire

Duranty, ami de l'écrivain Champfleury et du peintre Courbet, a écrit un certain nombre de textes théoriques sur le réalisme et fondé une revue, *Réalisme*, qui connut six numéros entre 1856 et 1857. Il est également l'auteur de plusieurs romans dont *Le Malheur d'Henriette Gérard* (1860), *La Cause du beau Guillaume* (1862).

Dans le premier, il dépeint la situation d'une jeune fille belle et intelligente, élevée par des parents mesquins et égoïstes, dans un milieu, celui de la bourgeoisie enrichie, qu'elle méprise et qui la rend malheureuse. Elle a, lors d'un bal, rencontré un jeune homme dont elle s'est éprise. Mais il n'est pas assez riche, et les parents d'Henriette lui refusent la main de leur fille. Lorsque Corbie, vieillard ridicule et oncle de la jeune fille, fait le projet de l'épouser, elle lui rit au nez et il décide de se venger en lui imposant un mariage avec un vieillard encore plus âgé que lui, son ami Mathéus. Corbie est l'un de ces « difformes » au sens moral du terme qui empêchent l'héroïne de vivre.

Dans l'extrait suivant, Corbie s'arrête au café du village, ce qui donne lieu à une description du village de Bourgthéroin et de son café. La description est précise et donne à voir un village qui ressemble à tous les villages et un café ordinaire : de manière délibérée, ces lieux ne sont chargés d'aucune coloration particulière, ils n'ont aucune caractéristique précise susceptible de les identifier. C'est bien le monde tel qu'il est que dépeint ici le romancier.

■ Duranty, *Le Malheur d'Henriette Gérard*, 1860

Corbie avait annoncé qu'il irait voir son ami Mathéus, et, en attendant la diligence, le matin, il se tenait devant la porte du café de Bourgthéroin, fumant sa pipe et ruminant ses colères. La grande rue du village était une route toute grise de poussière,
5 bordée de maisons basses n'ayant qu'une porte et deux ou trois

fenêtres. De loin en loin des haies vives gardaient un jardin, d'où se penchait au-dehors un arbre fruitier tordu ; quelques gros ormes restaient dans la route ; un banc de pierre entourait le plus beau, près duquel se trouvait, comme au fond d'une petite baie,
10 un grand puits, recouvert d'un beau chapeau en tuiles. Des charrettes, des auges, des paniers, un peu de fumier, le long des maisons, servaient de retraite, de châteaux forts, de lits, de monde, à des bandes d'enfants blonds, aux joues rouges et brunes, vivant en bonne amitié avec les poules, les chiens, les ânons.

15   L'intérieur du petit café, tapissé d'un papier vert maculé de taches jaunes produites par l'humidité, était tout à fait sombre. On avait arrosé le carreau, et il y faisait frais. Ce café ne contenait que quatre tables en bois vert, un petit billard recouvert de sa housse en coutil[1] gris rayé, et le tableau d'ardoise pour marquer
20 les carambolages[2]. Sur le comptoir se tenaient paisibles un bol de punch, deux carafons d'eau-de-vie, des petites cuillers dans une soucoupe, le bonnet bleu de la mère Mathieu, un livre de compte bien mince et un gros chat à demi endormi. Le plafond était enfumé par les lampes, et il s'exhalait là-dedans cette terrible
25 odeur de pipe, de vin, de bière, d'eau-de-vie, particulière à ces endroits, et qui semble en imbiber tous les objets. Le chat luimême et le bonnet bleu sentaient cette odeur.

3. « Une histoire commune »

Avec *Madame Bovary*, son premier roman paru en 1857, Flaubert, attaqué et poursuivi en correctionnelle pour outrage aux bonnes mœurs et à la morale publique, se voit notamment reprocher le réalisme de son œuvre : le roman en somme est immoral parce qu'il

---

1. *Coutil* : toile de fil ou de coton, utilisée notamment pour les matelas.
2. *Carambolages* : au billard, coups dans lesquels une bille en touche deux autres.

est réaliste. Le romancier de son côté rejette l'école réaliste qui fait entendre fortement sa voix dans ces années 1850 et il critique sévèrement les romans de Champfleury et ses théories : le peu d'intérêt que Champfleury et Duranty semblent porter au style, l'écriture relâchée du premier ne peuvent qu'éloigner Flaubert du réalisme, comme en témoigne sa correspondance (voir p. 93). Soucieux avant tout du style qui est, dit-il, « une façon absolue de voir les choses », en quête du Beau (et non du vrai comme le sont les réalistes), Flaubert soumet la forme romanesque à la rigueur de la composition poétique, appliquant à la prose les exigences formelles de la poésie et des arts plastiques.

À partir d'un fait divers – l'histoire de Delphine Delamare, jeune femme de la région rouennaise qui, endettée, ayant eu deux amants, s'est suicidée – Flaubert entreprend de raconter la vie de la jeune Emma Rouault, mariée à l'officier de santé Charles Bovary qui ne satisfait pas ses aspirations. C'est un monde vulgaire, celui de la vie provinciale et campagnarde (Emma est fille d'un riche fermier), sur lequel se penche le romancier avec l'ambition de « condenser et réaliser, sous une forme aristocratique, une histoire commune dont le fond est à tout le monde [1] ».

Dans l'épisode de la noce d'Emma et Charles, le romancier livre une peinture du monde de la campagne, de ses habitants et de ses mœurs, tout en annonçant discrètement la mésentente future des époux : Charles qui attend « les mains vides » qu'elle ait libéré sa robe, la vulgarité des noceurs pour une jeune fille qui, élevée au couvent, a découvert la littérature romantique, à l'origine de tous ses rêves, autant de notations rapides qui suggèrent que ce prélude à la vie conjugale, résumée dans une pièce montée minutieusement décrite, est chargé d'une lourdeur, rendue sensible dans l'abondance des plats et l'ivresse de convives, pris finalement par le sommeil.

---

1. Lettre à Louise Colet, 2 juillet 1853.

■ Flaubert, *Madame Bovary*, 1857

La mairie se trouvant à une demi-lieue de la ferme, on s'y rendit à pied, et l'on revint de même, une fois la cérémonie faite à l'église. Le cortège, d'abord uni comme une seule écharpe de couleur, qui ondulait dans la campagne, le long de l'étroit sentier
5 serpentant entre les blés verts, s'allongea bientôt et se coupa en groupes différents, qui s'attardaient à causer. Le ménétrier[1] allait en avant avec son violon empanaché de rubans à la coquille ; les mariés venaient ensuite, les parents, les amis tout au hasard, et les enfants restaient derrière, s'amusant à arracher les clochettes
10 des brins d'avoine, ou à se jouer entre eux, sans qu'on les vît. La robe d'Emma, trop longue, traînait un peu par le bas ; de temps à autre, elle s'arrêtait pour la tirer, et alors délicatement, de ses doigts gantés, elle enlevait les herbes rudes avec les petits dards des chardons, pendant que Charles, les mains vides, attendait
15 qu'elle eût fini. Le père Rouault, un chapeau de soie neuf sur la tête et les parements[2] de son habit noir lui couvrant les mains jusqu'aux ongles, donnait le bras à madame Bovary mère. Quant à M. Bovary père, qui, méprisant au fond tout ce monde-là, était venu simplement avec une redingote à un rang de boutons d'une
20 coupe militaire, il débitait des galanteries d'estaminet[3] à une jeune paysanne blonde. Elle saluait, rougissait, ne savait que répondre. Les autres gens de la noce causaient de leurs affaires ou se faisaient des niches[4] dans le dos, s'excitant d'avance à la gaieté ; et, en y prêtant l'oreille, on entendait toujours le crin-
25 crin[5] du ménétrier qui continuait à jouer dans la campagne. Quand il s'apercevait qu'on était loin derrière lui, il s'arrêtait à

---

1. *Ménétrier* : violoniste de village qui escortait les noces et faisait danser les invités.
2. *Parements* : revers sur les manches d'un habit.
3. *Estaminet* : café populaire. Des « galanteries d'estaminet » sont des galanteries communes, vulgaires.
4. *Niches* : espiègleries, farces.
5. *Crin-crin* : mauvais violon.

reprendre haleine, cirait longuement de colophane[1] son archet, afin que les cordes grinçassent mieux, et puis il se remettait à marcher, abaissant et levant tour à tour le manche de son violon, 30 pour se bien marquer la mesure à lui-même. Le bruit de l'instrument faisait partir de loin les petits oiseaux.

C'était sous le hangar de la charreterie que la table était dressée. Il y avait dessus quatre aloyaux[2], six fricassées de poulets, du veau à la casserole, trois gigots et, au milieu, un joli cochon de 35 lait, rôti, flanqué de quatre andouilles à l'oseille. Aux angles, se dressait l'eau-de-vie, dans des carafes. Le cidre doux en bouteilles poussait sa mousse épaisse autour des bouchons et tous les verres, d'avance, avaient été remplis de vin jusqu'au bord. De grands plats de crème jaune, qui flottaient d'eux-mêmes au moindre choc 40 de la table, présentaient, dessinés sur leur surface unie, les chiffres des nouveaux époux en arabesques de nonpareille[3]. On avait été chercher un pâtissier à Yvetot pour les tourtes et les nougats. Comme il débutait dans le pays, il avait soigné les choses ; et il apporta, lui-même, au dessert, une pièce montée qui fit pousser 45 des cris. À la base, d'abord c'était un carré de carton bleu figurant un temple avec portiques, colonnades et statuettes de stuc tout autour dans des niches constellées d'étoiles en papier doré ; puis se tenait au second étage un donjon en gâteau de Savoie, entouré de menues fortifications en angélique[4], amandes, raisins secs, 50 quartiers d'oranges ; et enfin, sur la plate-forme supérieure, qui était une prairie verte où il y avait des rochers avec des lacs de confiture et des bateaux en écales[5] de noisettes, on voyait un petit Amour, se balançant à une escarpolette de chocolat, dont les deux

---

1. Colophane : résine tirée de la distillation de la térébenthine dont on se sert pour frotter les crins d'archet.

2. Aloyaux : portions du bœuf d'où l'on tire le filet, le contre-filet et le romsteck.

3. Nonpareille : dragée de très petite taille.

4. Angélique : tige confite de la fleur qui porte ce nom.

5. Écales : enveloppes qui recouvrent la coque des noix et noisettes.

poteaux étaient terminés par deux boutons de rose naturelle, en
55 guise de boules, au sommet.

Jusqu'au soir, on mangea. Quand on était fatigué d'être assis,
on allait se promener dans les cours ou jouer une partie de bou-
chon, dans la grange, puis on revenait à l'étable. Quelques-uns,
vers la fin, s'y endormirent et ronflèrent.

4. Une vie singulière et universelle

Une vie est le premier roman de Maupassant. Très influencé par
Flaubert, le jeune écrivain, qui a jusqu'alors surtout écrit des contes
et des nouvelles, entreprend de raconter « une vie ». Le choix du
déterminant indéfini conduit à penser qu'il s'agit de n'importe
quelle vie, telle qu'en mènent toutes les femmes au XIXe siècle. Mais
Une vie est également le récit d'une existence, celle de Jeanne
Le Perthuis de Vauds, de sa sortie du couvent, à dix-neuf ans, jusqu'au seuil de la vieillesse.

Ce double aspect (Jeanne, femme emblématique de sa génération, de la société et de l'époque auxquelles elle appartient et, en
même temps, femme singulière) donne au personnage un statut à
part. Jeanne ressemble à Emma Bovary : elle est à la fois universelle
et singulière. Sa vie est ponctuée de malheurs : trahie par un mari
volage, qu'elle perd, mal aimée par un fils égoïste qui la ruine et
l'abandonne, voyant disparaître ses parents et contrainte d'aban-
donner le château familial, elle voit avec plaisir à la fin du roman la
maîtresse de son fils mourir et recueille son petit-fils.

L'extrait suivant constitue l'*excipit* du roman (sa fin). La conclu-
sion, en forme de morale populaire, est exprimée par la servante
Rosalie : « la vie [...] ça n'est jamais si bon ni si mauvais qu'on croit »,
phrase que Flaubert avait écrite à Maupassant dans une de ses lettres.

Rosalie, enfin, parla : « J'vas aller chercher la petite, moi, Madame. On ne peut pas la laisser comme ça. »

Jeanne répondit : « Va, ma fille. »

Elle se turent encore, puis la bonne reprit : « Mettez votre cha-
5 peau, Madame, et puis allons à Goderville chez le notaire. Si l'autre va mourir, faut que M. Paul l'épouse, pour la petite, plus tard. » […]

Jeanne passa deux jours dans un trouble de pensée qui la ren-
dait incapable de réfléchir à rien. Le troisième matin elle reçut un
10 seul mot de Rosalie annonçant son retour par le train du soir. Rien de plus.

Vers trois heures elle fit atteler la carriole d'un voisin qui la conduisit à la gare de Beuzeville pour attendre sa servante.

Elle restait debout sur le quai, l'œil tendu sur la ligne droite
15 des rails qui fuyaient en se rapprochant là-bas, au bout de l'hori-
zon. De temps en temps elle regardait l'horloge. – Encore dix minutes. – Encore cinq minutes. – Encore deux minutes. – Voici l'heure. – Rien n'apparaissait sur la voie lointaine. Puis tout à coup elle aperçut une tache blanche, une fumée, puis, au-dessous,
20 un point noir qui grandit, grandit, accourant à toute vitesse. La grosse machine enfin, ralentissant sa marche, passa, en ronflant, devant Jeanne qui guettait avidement les portières. Plusieurs s'ouvrirent ; des gens descendaient, des paysans en blouse, des fermières avec des paniers, des petits-bourgeois en chapeau mou.
25 Enfin elle aperçut Rosalie qui portait en ses bras une sorte de paquet de linge.

Elle voulut aller vers elle, mais elle craignait de tomber tant ses jambes étaient devenues molles. Sa bonne, l'ayant vue, la rejoignit avec son air calme ordinaire ; et elle dit « Bonjour, Madame ; me
30 v'là revenue, c'est pas sans peine. »

Jeanne balbutia : « Eh bien ? »

Rosalie répondit : « Eh bien, elle est morte c'te nuit. Ils sont mariés, v'là la petite. » Et elle tendit l'enfant qu'on ne voyait point dans ses linges.

35 Jeanne la reçut machinalement et elles sortirent de la gare, puis montèrent dans la voiture.

Rosalie reprit : « M. Paul viendra dès l'enterrement fini. Demain à la même heure, faut croire. »

Jeanne murmura « Paul… » et n'ajouta rien.

40 Le soleil baissait vers l'horizon, inondant de clarté les plaines verdoyantes, tachées de place en place par l'or des colzas en fleur, et par le sang des coquelicots. Une quiétude infinie planait sur la terre tranquille où germaient les sèves. La carriole allait grand train, le paysan claquant de la langue pour exciter son

45 cheval.

Et Jeanne regardait droit devant elle en l'air, dans le ciel que coupait, comme des fusées, le vol ceintré des hirondelles. Et soudain une tiédeur douce, une chaleur de vie traversant ses robes, gagna ses jambes, pénétra sa chair ; c'était la chaleur du petit être

50 qui dormait sur ses genoux.

Alors une émotion infinie l'envahit. Elle découvrit brusquement la figure de l'enfant qu'elle n'avait pas encore vue : la fille de son fils. Et comme la frêle créature, frappée par la lumière vive, ouvrait ses yeux bleus en remuant la bouche, Jeanne se mit

55 à l'embrasser furieusement, la soulevant dans ses bras, la criblant de baisers.

Mais Rosalie, contente et bourrue, l'arrêta. « Voyons, voyons, madame Jeanne, finissez ; vous allez la faire crier. »

Puis elle ajouta, répondant sans doute à sa propre pensée : « La

60 vie, voyez-vous, ça n'est jamais si bon ni si mauvais qu'on croit. »

■ Honoré Daumier, *Oncle et neveu*.

Les grandes étapes de l'œuvre de Daumier (1808-1879) suivent les soubresauts de l'histoire : 1830, 1848, 1851 et 1871, et alternent entre caricatures politiques, quand la censure ne lui impose pas silence, et scènes de mœurs. C'est ici la représentation de deux bourgeois, croqués dans toute leur laideur : le neveu, qui attend sans doute l'héritage de l'oncle, affiche une arrogance de jeune gommeux, et le vieillard, voûté, lui tient le bras. Cette physiologie de la bourgeoisie parisienne a été étendue par Daumier à d'autres domaines : la vie conjugale bourgeoise ou les plaidoiries des avocats à la Cour.

V. Une vision critique du monde

Si les romanciers du réel ont prétendu représenter la vie telle qu'elle est, ils ont aussi cherché à en proposer une vision critique. Peintres des mœurs, ils ont caricaturé certains comportements, se sont moqué de leurs personnages, ont dénoncé la condition misérable de certaines classes sociales. Il s'agit à la fois d'un discours global, portant sur la bourgeoisie (chez les Goncourt) ou le peuple (chez Zola), et d'un discours spécifique, s'appliquant à un personnage (le cousin Pons dans le roman de Balzac, Frédéric Moreau dans *L'Éducation sentimentale* de Flaubert). Le comique et l'ironie servent alors à susciter une prise de conscience.

1. Portrait d'un « débris de l'empire » : le cousin Pons

Le Cousin Pons, dernier roman achevé de Balzac, est le pendant de *La Cousine Bette*. Les deux romans sont réunis sous le titre *Les Parents pauvres*, qui désigne et le statut social des personnages principaux et leur situation familiale : célibataires, Pons et Lisbeth Fischer sont à la fois dans leur famille et en marge d'elle, ils mènent une existence matériellement difficile ou, du moins, incertaine, à la frange d'une famille riche.

Pons qui apparaît dans les premières lignes du récit est un personnage risible. Vieillard d'emblée défini comme « un débris », habillé comme on l'était en 1806, affligé d'un physique grotesque semble *a priori* le personnage de roman le moins intéressant qui soit.

L'une des grandes nouveautés de l'œuvre balzacienne tient dans cette invention de nouveaux personnages romanesques, qui n'ont rien des vertus dont étaient traditionnellement doués les héros nobles de romans : Pons, pauvre, vieux et laid est aux antipodes des héros nobles, jeunes et beaux des romans du XVIIe siècle (M. de Nemours dans *La Princesse de Clèves* de Mme de La Fayette) et du XVIIIe siècle (le chevalier Des Grieux dans *Manon Lescaut* de l'abbé Prévost ou Saint-Preux dans *La Nouvelle Héloïse* de Rousseau). Il n'en demeure pas moins que, s'il prête d'abord à rire, ce personnage est touchant, et par là même intéressant : sa « mélancolie excessive » glace la plaisanterie, que pourraient lui décocher ces oisifs qui détaillent les figures des passants sur les boulevards. Fossile d'un monde disparu, Pons est aussi un être à part, dont le lecteur pressent qu'il vit en dehors de son temps et qu'il n'obéit pas aux lois de la société, moqueuse et superficielle.

■ Balzac, *Le Cousin Pons*, 1847

Vers trois heures de l'après-midi, dans le mois d'octobre de l'année 1844, un homme âgé d'une soixantaine d'années, mais à qui tout le monde eût donné plus que cet âge, allait le long du boulevard des Italiens, le nez à la piste, les lèvres papelardes [1],
5 comme un négociant qui vient de conclure une excellente affaire, ou comme un garçon content de lui-même au sortir d'un boudoir. C'est à Paris la plus grande expression connue de la satisfaction personnelle chez l'homme. En apercevant de loin ce vieillard, les personnes qui sont là tous les jours assises sur des chaises, livrées
10 au plaisir d'analyser les passants, laissent toutes poindre dans leur physionomie ce sourire particulier aux gens de Paris, et qui dit tant de choses ironiques, moqueuses ou compatissantes, mais qui, pour animer le visage d'un Parisien, blasé sur tous les

---

1. Un air papelard est un air doucereux.

spectacles possibles, exige de hautes curiosités vivantes. Un mot
15 fera comprendre et la valeur archéologique de ce bonhomme et la
raison de sourire qui se répétait comme un écho dans tous les
yeux. On demandait à Hyacinthe[1], un acteur célèbre par ses
saillies, où il faisait faire les chapeaux à la vue desquels la salle
pouffe de rire : « Je ne les fais point faire, je les garde ! » répondit-il.
20 Eh bien ! il se rencontre dans le million d'acteurs qui composent
la grande troupe de Paris, des Hyacinthes sans le savoir, qui
gardent sur eux tous les ridicules d'un temps, et qui vous appa-
raissent comme la personnification de toute une époque pour
vous arracher une bouffée de gaieté quand vous vous prome-
25 nez en dévorant quelque chagrin amer causé par la trahison d'un
ex-ami.

En conservant dans quelques détails de sa mise une fidélité
quand même aux modes de l'an 1806, ce passant rappelait
l'Empire sans être par trop caricature. Pour les observateurs,
30 cette finesse rend ces sortes d'évocations extrêmement précieuses.
Mais cet ensemble de petites choses voulait l'attention analytique
dont sont doués les connaisseurs en flânerie ; et, pour exciter le
rire à distance, le passant devait offrir une de ces énormités à
crever les yeux, comme on dit, et que les acteurs recherchent
35 pour assurer le succès de leurs *entrées*. Ce vieillard, sec et maigre,
portait un spencer[2] couleur noisette sur un habit verdâtre, à
boutons de métal blanc !... Un homme en spencer, en 1844,
c'est, voyez-vous, comme si Napoléon eût daigné ressusciter
pour deux heures[3]. [...]
40 Le chapeau mis en arrière découvrait presque tout le front
avec cette espèce de crânerie par laquelle les administrateurs[4] et

---

1. Louis-Hyacinthe Dulflost, dit Hyacinthe (1814-1887) fut un acteur très
célèbre dans les années 1840, s'illustrant notamment dans le rôle de
Gringalet, dans une pièce intitulée *Les Saltimbanques*.
2. *Spencer* : habit très ajusté, sans basques.
3. Napoléon était mort en 1821.
4. *Les administrateurs* : les fonctionnaires.

les pékins [1] essayèrent alors de répondre à celle des militaires. C'était d'ailleurs un horrible chapeau de soie à quatorze francs, aux bords intérieurs duquel de hautes et larges oreilles imprimaient des marques blanchâtres, vainement combattues par la brosse. Le tissu de soie mal appliqué, comme toujours, sur le carton de la forme, se plissait en quelques endroits, et semblait être attaqué de la lèpre, en dépit de la main qui le pansait tous les matins.

Sous ce chapeau, qui paraissait près de tomber, s'étendait une de ces figures falotes et drolatiques comme les Chinois seuls en savent inventer pour leurs magots [2]. Ce vaste visage percé comme une écumoire, où les trous produisaient des ombres, et refouillé comme un masque romain, démentait toutes les lois de l'anatomie. Le regard n'y sentait point de charpente. Là où le dessin voulait des os, la chair offrait des méplats [3] gélatineux, et là où les figures présentent ordinairement des creux, celle-là se contournait en bosses flasques. Cette face grotesque, écrasée en forme de potiron, attristée par des yeux gris surmontés de deux lignes rouges au lieu de sourcils, était commandée par un nez à la Don Quichotte, comme une plaine est dominée par un bloc erratique [4]. Ce nez exprime, ainsi que Cervantes [5] avait dû le remarquer, une disposition native à ce dévouement aux grandes choses qui dégénère en duperie. Cette laideur, poussée tout au comique, n'excitait cependant point le rire. La mélancolie excessive qui débordait par les yeux pâles de ce pauvre homme atteignait le moqueur et lui glaçait la plaisanterie sur les lèvres. On pensait aussitôt que la nature

---

1. Pékins : civils, en argot militaire.

2. Magots : figurines trapues de l'Extrême-Orient en porcelaine, en pierre ou en jade.

3. Méplats : parties relativement planes du corps.

4. Bloc erratique : bloc qui a été déplacé par les anciens glaciers à une grande distance de son point d'origine.

5. Miguel de Cervantes (1547-1616) : écrivain espagnol, auteur de *Don Quichotte* (1605-1616), roman qui relate l'errance et les aventures, à travers l'Espagne, d'un hidalgo et de son valet, Sancho Pança.

avait interdit à ce bonhomme d'exprimer la tendresse, sous peine de faire rire une femme ou de l'affliger. Le Français se tait devant ce malheur, qui lui paraît le plus cruel de tous les malheurs : ne pouvoir plaire !

2. Flaubert : distanciation et ironie

Avec *L'Éducation sentimentale*, Flaubert entreprend de faire « l'histoire morale » des hommes de sa génération. Il retrace donc à travers le personnage de Frédéric Moreau, qui ressemble sans doute beaucoup à ce qu'il fut à vingt ans, une vaste période, dense en événements historiques, qui s'étend de 1840 à l'hiver 1868-1869.

Flaubert cependant tend à effacer les personnages historiques au profit des personnages fictifs, Frédéric et son ami Deslauriers. Autour d'eux gravite toute une galerie de types incarnant diverses attitudes politiques. En outre, le romancier, lors même qu'il reprend de grands épisodes historiques, comme le pillage des Tuileries en février 1848 ou les répressions sanglantes de juin, ne les présente qu'à travers le point de vue distant ou ignorant de ses personnages, si bien que l'événement perd de son importance, de sa grandeur.

De plus, l'éducation de Frédéric – et en cela le roman de Flaubert est un roman d'apprentissage – est une éducation sentimentale dans laquelle interviennent trois femmes : Marie Arnoux, femme mariée, déesse inaccessible et grand amour de Frédéric, Mme Dambreuse, femme de la haute société qui inspire au héros un amour de vanité, et Rosanette, femme entretenue dont il partage un temps la vie. À ces trois figures, il convient d'adjoindre Louise Roque, amie d'enfance, que Frédéric fait dans l'extrait suivant le projet d'épouser.

Les aspirations et les contradictions du personnage sont ici dépeintes avec de subtils effets d'ironie : le romancier se moque discrètement de son personnage, qui n'est jamais heureux où il se trouve, qui rêve constamment d'ailleurs à partir d'images stéréotypées et incertaines (l'Italie, l'Orient) et qui ne s'intéresse en définitive à Louise qu'en raison de sa fortune. Le mauvais goût de la jeune fille, qui rêve de «statuettes polychromes représentant des nègres» comme on en trouve à la préfecture de Troyes, est également traité sur le mode de l'ironie : le romancier tourne ainsi en dérision les désirs de chacun des deux personnages.

■ Flaubert, *L'Éducation sentimentale*, 1869

Son retour à Paris ne lui causa point de plaisir ; c'était le soir, à la fin du mois d'août, le boulevard semblait vide, les passants se succédaient avec des mines refrognées, çà et là une chaudière d'asphalte fumait, beaucoup de maisons avaient leurs persiennes
5 entièrement closes ; il arriva chez lui ; de la poussière couvrait les tentures ; et, en dînant tout seul, Frédéric fut pris par un étrange sentiment d'abandon ; alors il songea à Mlle Roque.

L'idée de se marier ne lui paraissait plus exorbitante. Ils voyageraient, ils iraient en Italie, en Orient ! Et il l'apercevait debout
10 sur un monticule, contemplant un paysage, ou bien appuyée à son bras dans une galerie florentine, s'arrêtant devant les tableaux. Quelle joie ce serait que de voir ce bon petit être s'épanouir aux splendeurs de l'Art et de la Nature ! Sortie de son milieu, en peu de temps, elle ferait une compagne charmante. La
15 fortune de M. Roque le tentait, d'ailleurs. Cependant, une pareille détermination lui répugnait comme une faiblesse, un avilissement.

Mais il était bien résolu (quoi qu'il dût faire) à changer d'existence, c'est-à-dire à ne plus perdre son cœur dans des passions
20 infructueuses, et même il hésitait à remplir la commission dont Louise l'avait chargé. C'était d'acheter pour elle, chez Jacques Arnoux, deux grandes statuettes polychromes représentant des nègres, comme ceux qui étaient à la préfecture de Troyes. Elle connaissait le chiffre du fabricant, ne voulait pas d'un autre.
25 Frédéric avait peur, s'il retournait *chez eux*, de tomber encore une fois dans son vieil amour.

3. La satire de la bourgeoisie

Edmond et Jules de Goncourt livrent avec *Renée Mauperin* une représentation de la bourgeoisie en peignant une famille, les Mauperin. Le personnage central du roman est la jeune Renée, fille rieuse et insouciante que ses parents cherchent à marier et qui fait systématiquement échouer leurs plans.

Le dialogue qui suit oppose les parents de Renée : la mère qui cherche à affirmer sa toute-puissance sur un mari qui aimerait mieux dormir et ne pas entendre ses reproches. L'évocation de ce « vieux ménage » bourgeois au moment du coucher est l'occasion d'un portrait moqueur et satirique de Mme Mauperin, « grosse personne » qui défend des intérêts purement matériels, tandis que son mari admire en lui-même le talent et l'esprit de sa fille. Les considérations bourgeoises s'opposent ici aux valeurs du sentiment. Mme-Mauperin devient une des images possibles de la bourgeoisie.

■ Edmond et Jules de Goncourt, *Renée Mauperin*, 1864

Mme Mauperin se mettait des papillotes devant la glace, éclairée par une seule bougie. Elle était en camisole et en jupon. Sa grosse personne, au-dessus de laquelle ses petits bras allaient et venaient avec un geste de couronnement, mettait au mur la sil-
5 houette fantastique du déshabillé de la cinquantaine, et faisait trembler sur le papier du fond de la chambre une de ces ombres corpulentes que semblent dessiner ensemble, au fond de l'alcôve des vieux ménages, Hoffmann[1] et Daumier[2]. – M. Mauperin était déjà au lit.

---

1. *Hoffmann* (1776-1822) : écrivain allemand, auteur de *Contes fantastiques* qui eurent une très grande influence sur les romantiques français.
2. *Daumier* (1808-1879) : peintre et dessinateur qui fut d'abord caricaturiste dans le domaine politique, puis, lorsque la liberté de la presse fut .../...

10   « Louis ! dit Mme Mauperin.

– Quoi ? dit M. Mauperin, avec l'accent d'indifférence, de regret, d'ennui de l'homme qui, les yeux encore ouverts, commence à goûter les douceurs de la pose horizontale.

– Oh ! si vous dormez !

15   – Je ne dors pas du tout. Voyons, quoi ?

– Oh ! mon Dieu, rien. Je trouve que Renée a été ce soir d'une inconvenance… voilà tout. As-tu remarqué ?

– Non. Je n'ai pas fait attention.

– Une lubie !… C'est qu'il n'y a pas la moindre raison… Elle
20   ne t'a rien dit, voyons ? Tu ne sais rien ? Car voilà où j'en suis avec vos cachotteries… vos secrets : je suis toujours la dernière à savoir les choses… Mais toi, oh ! toi, on te raconte tout… Je suis bien heureuse de n'être pas née jalouse, sais-tu ? »

M. Mauperin remonta, sans répondre, son drap sur son épaule.

25   « Tu dors, décidément, reprit Mme Mauperin avec ce ton aigre et désappointé de la femme qui attend une riposte sur son attaque.

– Je t'ai déjà dit que je ne dormais pas…

– Mais vous ne comprenez donc pas, monsieur Mauperin ? Oh ! ces hommes intelligents… c'est curieux ! Ça vous touche
30   assez pourtant, ce sont vos affaires comme les miennes. Voilà encore un mariage manqué, comprenez-vous ? un mariage où il y avait tout… de la fortune, une famille honorable… tout ! Je connais ces temps d'arrêt-là dans les mariages… Nous pouvons en faire notre deuil… Henri[1] m'en a parlé ce soir ; le jeune
35   homme ne lui a rien dit naturellement ; c'est un garçon qui sait vivre… Mais Henri est persuadé qu'il se retire… Ça se sent, ces choses-là… c'est dans l'air des gens…

– Eh bien ! il se retirera, qu'est-ce que vous voulez que je vous dise ? » Et M. Mauperin, se levant sur son séant, allongea ses deux

---

…/… entravée, il se tourna vers la critique de mœurs dans la représentation des travers et ridicules bourgeois.

1. Le frère de Renée.

40 mains sur ses cuisses. « Il se retirera. Des jeunes Reverchon[1], ce n'est
pas unique, on en retrouve… Au lieu que des filles comme ma fille…

– Mon Dieu ! votre fille… votre fille…

– Vous ne lui rendez pas assez justice, Thérèse.

– Moi ! je lui rends toute la justice possible. Seulement… je la
45 vois comme elle est, je n'ai pas vos yeux, moi… Elle a des défauts,
de très grands défauts que vous avez encouragés, oui, vous ; des
caprices, de l'étourderie, comme si elle avait dix ans !… Si vous
croyez que je ne souffre pas de ses incertitudes, de ses exigences,
d'un tas de choses absurdes, depuis qu'on cherche à la marier ! Et
50 puis une façon d'arranger les gens qu'on lui présente ! Elle est
terrible pour les entrevues… […] »

À ces derniers mots de Mme Mauperin, un éclair de vanité
paternelle brilla sur le visage de M. Mauperin. « Oui, oui, dit-il en
souriant de souvenir ; le fait est qu'elle a un esprit diabolique…
55 Te rappelles-tu ce pauvre préfet : "Oh ! un vieux coq !…" Je me
rappelle comme elle a dit cela tout de suite en le voyant.

– C'est très drôle en effet, et très convenable surtout… Et ça vous
fait marier, ces mots-là, croyez-le… ça engage d'autres personnes à se
présenter, n'est-ce pas ? Je suis certaine que Renée a dans le monde
60 une réputation de méchanceté… Encore un peu de ce joli esprit-là…
et vous verrez comme il viendra des demandes pour votre fille ! J'ai
marié si facilement Henriette[2] ! Celle-ci, c'est ma croix… »

4. Les indices d'un destin tragique

Roman du monde ouvrier, *L'Assommoir* est l'histoire de Gervaise
Macquart, fille de l'alcoolique Antoine Macquart. Zola y montre
l'écrasement auquel est soumis le peuple des villes : écrasement de
la misère, du travail mal payé, du milieu et de l'hérédité (il est fatal

---

1. Reverchon est le nom du prétendant que Renée vient d'éconduire.
2. La sœur aînée de Renée.

que Gervaise se mette à boire parce qu'elle appartient à une famille d'alcooliques et parce qu'elle vit dans un monde où l'ivresse est l'unique moyen d'échapper à la dureté de l'existence).

Cet écrasement, fruit d'une fatalité qui est à la fois intérieure à l'être humain (les lois de l'hérédité) et extérieure à lui (le milieu dans lequel il vit) rappelle la tragédie classique dont les personnages sont eux aussi soumis à la fatalité de leur sang et enfermés dans un espace d'où ils ne pourront sortir que par la mort. La chambre misé-reuse de l'hôtel Boncœur et la portion des boulevards extérieurs entre l'hôpital Lariboisière et l'abattoir, que Gervaise aperçoit par la fenêtre, contiennent tous les signes du destin tragique de l'héroïne : elle ne quittera jamais ce quartier, laissera son mari, alcoolique et fou, dans ce même hôpital, et sera l'une de ces « bêtes massacrées » dont il est question à la fin de l'extrait.

L'*incipit* du roman nous montre Gervaise attendant son amant Lantier, qui n'est pas rentré de la nuit. Trahie par son concubin pour la petite Adèle à laquelle il est fait allusion, c'est une femme courbée sous le fardeau de toute la misère du monde qui est ici décrite.

■ Zola, *L'Assommoir*, 1877

Gervaise avait attendu Lantier jusqu'à deux heures du matin. Puis, toute frissonnante d'être restée en camisole à l'air vif de la fenêtre, elle s'était assoupie, jetée en travers du lit, fiévreuse, les joues trempées de larmes. Depuis huit jours, au sortir du Veau à 5 Deux Têtes, où ils mangeaient, il l'envoyait se coucher avec les enfants et ne reparaissait que tard dans la nuit, en racontant qu'il cherchait du travail. Ce soir-là, pendant qu'elle guettait son retour, elle croyait l'avoir vu entrer au bal du Grand-Balcon, dont les dix fenêtres flambantes éclairaient d'une nappe d'incendie la coulée 10 noire des boulevards extérieurs ; et, derrière lui, elle avait aperçu la petite Adèle, une brunisseuse[1] qui dînait à leur restaurant,

---

1. *Brunisseuse* : ouvrière chargée des opérations de brunissage, travail qui consiste à polir un métal.

marchant à cinq ou six pas, les mains ballantes, comme si elle venait de lui quitter le bras pour ne pas passer ensemble sous la clarté crue des globes de la porte.

15   Quand Gervaise s'éveilla, vers cinq heures, raidie, les reins brisés, elle éclata en sanglots. Lantier n'était pas rentré. Pour la première fois, il découchait. Elle resta assise au bord du lit, sous le lambeau de perse[1] déteinte qui tombait de la flèche attachée au plafond par une ficelle. Et, lentement, de ses yeux voilés de
20 larmes, elle faisait le tour de la misérable chambre garnie, meublée d'une commode de noyer dont un tiroir manquait, de trois chaises de paille et d'une petite table graisseuse, sur laquelle traînait un pot à eau ébréché. On avait ajouté, pour les enfants, un lit de fer qui barrait la commode et emplissait les deux tiers de
25 la pièce. La malle de Gervaise et de Lantier, grande ouverte dans un coin, montrait ses flancs vides, un vieux chapeau d'homme tout au fond, enfoui sous des chemises et des chaussettes sales ; tandis que, le long des murs, sur le dossier des meubles, pendaient un châle troué, un pantalon mangé par la boue, les der-
30 nières nippes dont les marchands d'habits ne voulaient pas. Au milieu de la cheminée, entre deux flambeaux de zinc dépareillés, il y avait un paquet de reconnaissances du mont-de-piété[2], d'un rose tendre. C'était la belle chambre de l'hôtel, la chambre du premier, qui donnait sur le boulevard.

35   Cependant, couchés côte à côte sur le même oreiller, les deux enfants dormaient. Claude, qui avait huit ans, ses petites mains rejetées hors de la couverture, respirait d'une haleine lente, tandis qu'Étienne, âgé de quatre ans seulement, souriait, un bras passé au cou de son frère. Lorsque le regard noyé de leur mère s'arrêta
40 sur eux, elle eut une nouvelle crise de sanglots, elle tamponna un mouchoir sur sa bouche pour étouffer les légers cris qui lui échappaient. Et, pieds nus, sans songer à remettre ses savates tombées,

---

1. Perse : tissu d'ameublement.
2. Mont-de-piété : établissement de prêt sur gage. C'est aujourd'hui le Crédit municipal.

elle retourna s'accouder à la fenêtre, elle reprit son attente de la nuit, interrogeant les trottoirs, au loin.

45   L'hôtel se trouvait sur le boulevard de la Chapelle, à gauche de la barrière Poissonnière. C'était une masure de deux étages, peinte en rouge lie-de-vin jusqu'au second, avec des persiennes pourries par la pluie. Au-dessus d'une lanterne aux vitres étoilées, on parvenait à lire, entre les deux fenêtres : *Hôtel Boncœur, tenu par*
50 *Marsoullier*, en grandes lettres jaunes, dont la moisissure du plâtre avait emporté des morceaux. Gervaise, que la lanterne gênait, se haussait, son mouchoir sur les lèvres. Elle regardait à droite, du côté du boulevard de Rochechouart, où des groupes de bouchers, devant les abattoirs, stationnaient en tabliers san-
55 glants ; et le vent frais apportait une puanteur par moments, une odeur fauve de bêtes massacrées. Elle regardait à gauche, enfilant un long ruban d'avenue, s'arrêtant, presque en face d'elle, à la masse blanche de l'hôpital de Lariboisière, alors en construction.

VI. Le réel et le langage

Pour représenter la réalité dans le roman, il faut bien évidemment recourir au langage, et la difficulté qu'éprouvent les réalistes, puis les naturalistes, est celle de la *mise en mots* de la réalité. Il s'agit, pour Flaubert, de faire beau, et pas seulement de faire vrai. Huysmans veut faire parler les ouvriers comme ils parlent dans la réalité, en reproduisant notamment l'argot qui est le leur. Les critiques du XXe siècle, Roland Barthes et Henri Mitterand, se posent, quant à eux, la question des moyens employés par les réalistes pour restituer le réel : moyens et procédés nécessairement artificiels, formes qui organisent et ordonnent la matière brute de la réalité.

1. « La force interne du style »

C'est dans sa correspondance que Flaubert énonce ses idées sur l'art et sur le roman. Dans les années 1850, alors qu'il est en train de rédiger *Madame Bovary*, il confie à ses correspondants les difficultés qu'il rencontre et formule un certain nombre d'axiomes sur la création littéraire.

Sa correspondante privilégiée est alors Louise Colet, sa maîtresse. Dans la lettre qu'il lui adresse le 16 janvier 1852, il énonce deux idées fondamentales : le sujet d'une œuvre n'a aucune importance, seul importe le style qui fait « tenir » le récit. L'idée d'un « livre sur rien » ne signifie pas que l'œuvre n'ait aucun sujet, mais que le sujet soit dans les préoccupations de l'auteur très secondaire d'une part, qu'il

■ Degas, *L'Absinthe*, 1876 (Paris, musée d'Orsay).

L'Absinthe, toile contemporaine du *Moulin de la Galette* de Renoir (p. 66), représente l'autre versant de l'impressionnisme, plus sombre et plus proche du naturalisme littéraire. Les deux clients du café, et particulièrement cette femme qui fait songer à Gervaise dans *L'Assommoir*, incarnent une sorte de destin anonyme. Derrière eux se reflète la grisaille de la rue, et devant eux, ne s'ouvrent aucun espace, aucun avenir. Comme deux êtres traqués, ils ne semblent rechercher la présence l'un de l'autre que pour ressentir plus cruellement leur profonde solitude.

n'y ait plus de hiérarchie entre sujets nobles et sujets laids d'autre part. C'est le style qui fait en effet la beauté de l'œuvre, ce en quoi Flaubert s'éloigne radicalement de Champfleury et de Duranty, qui sont en quête du vrai et prétendent écrire des romans sincères.

■ Flaubert, Lettre à Louise Colet, 16 janvier 1852

Je t'ai dit que *L'Éducation*[1] avait été un essai. *Saint Antoine*[2] en est un autre. Prenant un sujet où j'étais entièrement libre comme lyrisme, mouvements, désordonnements, je me trouvais alors bien dans ma nature, je n'avais qu'à aller. Jamais je ne retrouverai des
5 éperduments de style comme je m'en suis donné là pendant dix-huit grands mois. Comme je taillais avec cœur les perles de mon collier ! Je n'y ai oublié qu'une chose, c'est le fil. Seconde tentative et pis encore que la première. Maintenant j'en suis à ma troisième. Il est pourtant temps de réussir ou de se jeter par la fenêtre.
10 Ce qui me semble beau, ce que je voudrais faire, c'est un livre sur rien, un livre sans attache extérieure, qui se tiendrait de lui-même par la force interne de son style, comme la terre sans être soutenue se tient en l'air, un livre qui n'aurait presque pas de sujet ou du moins où le sujet serait presque invisible, si cela se
15 peut. Les œuvres les plus belles sont celles où il y a le moins de matière ; plus l'expression se rapproche de la pensée, plus le mot colle dessus et disparaît, plus c'est beau. Je crois que l'avenir de l'Art est dans ces voies. Je le vois, à mesure qu'il grandit, s'éthéri-sant tant qu'il peut, depuis les pylônes égyptiens jusqu'aux lan-
20 cettes gothiques, et depuis les poèmes de vingt mille vers des Indiens jusqu'aux jets de Byron[3]. La forme, en devenant habile,

---

1. Il s'agit de la première version de *L'Éducation sentimentale*, qui ne fut pas publiée du vivant de Flaubert.
2. C'est de la première version de *La Tentation de saint Antoine*, celle de 1849, que parle ici Flaubert. Il en écrira deux autres, l'une en 1856 et l'autre en 1874.
3. *Lord Byron* (1788-1824) : poète anglais qui est une grande figure roman-tique, tant par sa vie mouvementée et marquée par la hantise de la folie, .../...

s'atténue ; elle quitte toute liturgie, toute règle, toute mesure ; elle abandonne l'épique pour le roman, le vers pour la prose ; elle ne se connaît plus d'orthodoxie et est libre comme chaque volonté
25 qui la produit. Cet affranchissement de la matérialité se retrouve en tout et les gouvernements l'ont suivi, depuis les despotismes orientaux jusqu'aux socialismes futurs.

C'est pour cela qu'il n'y a ni beaux ni vilains sujets et qu'on pourrait presque établir comme axiome, en se posant au point de
30 vue de l'Art pur, qu'il n'y en a aucun, le style étant à lui tout seul une manière absolue de voir les choses.

2. Du bon usage de l'argot

Après *Marthe*, paru en 1876, qui relate la déchéance progressive d'une jeune actrice et prostituée, *Les Sœurs Vatard*, que Huysmans publie en 1879 et qu'il dédie à Zola, représente, à travers l'histoire de deux sœurs, Céline et Désirée, l'une dévergondée, l'autre chaste, le monde ouvrier et plus précisément celui d'un atelier de brochure.

Les fréquentations de Céline sont prétexte à des dialogues argotiques. Le courant réaliste a en effet constamment cherché à parler la langue de ses personnages : baragouin allemand du banquier Nucingen chez Balzac, patois normand dans les récits de Maupassant, langue du peuple dans *L'Assommoir* de Zola. C'est à ce dernier modèle qu'emprunte manifestement Huysmans, qui cherche à restituer le parler argotique et parfois difficile à comprendre des hommes du peuple. L'argot est en effet comme une langue étrangère pour le lecteur extérieur au milieu qui l'emploie, mais il est indispensable de faire parler l'ouvrier comme il parle à l'époque. Le naturalisme de Huysmans s'exprime ici dans sa volonté de rendre le plus exactement

---

…/… que par son œuvre (*Le Giaour*, *La Fiancée d'Abydos*, *Don Juan*). Il est mort en 1824 à Missolonghi, en Grèce, où il voulait s'engager dans la guerre d'indépendance hellénique.

possible les tournures de phrase et les expressions couramment utilisées par ses personnages.

Céline et Désirée qui sortent d'une nuit de travail continu à l'atelier retrouvent ici l'amant de Céline, Anatole, en compagnie de son ami Colombel, dans un café.

■ Huysmans, *Les Sœurs Vatard*, 1879

Colombel retourna s'asseoir et brassa derechef les dominos. La porte s'ouvrit et deux hommes entrèrent. Ils avaient arboré des costumes de dimanche, des costumes à prendre sur le bras des bourgeoises, à aller faire la vendange du campêche[1] chez les
5   mastroquets. Ils avaient des tape-à-l'œil[2] flambant neufs, des pantalons à raies avec des pièces entre les cuisses, des redingotes échouées et radoubées[3] au Temple, des cravates en cordes. – Ils serrèrent la main à la société, blaguèrent Céline qui, le nez dans son verre de vin chaud, mordillait le zeste du citron quand la
10 rondelle lui venait aux lèvres et s'asseyant, en face l'un de l'autre, un litre et deux verres entre eux, ils se couchèrent sur la table causant bec à bec, haleinant fort et droit, se tapant réciproquement sur les bras, comme pour mieux se faire comprendre.

– Ah ! çà, dit Colombel, où donc allez-vous aujourd'hui ?
15 Vous êtes d'un rupin[4]…

– On va trimballer sa blonde, mon vieux ; nous irons lichoter un rigolboche[5] à la place Pinel, puis dame, après cela, nous verrons.

---

1. Campêche : vin.
2. Tape-à-l'œil : chapeaux.
3. Radoubées : raccommodées. Au Temple, dans le quartier du Marais à Paris, se trouvaient des marchands de vêtements usagés.
4. Rupin : riche, en argot.
5. Rigolbocher (de rigolo) : s'amuser. **Lichoter un rigolboche** : boire un coup dans un endroit où l'on s'amuse.

– Tiens, mais c'est une idée, s'exclama Anatole, si nous allions
20 manger une friture quelconque et des escargots ? – Ça va-t-il,
Céline ? – Colombel et ta sœur viendraient avec nous.

Mais les femmes refusèrent ; il fallait qu'elles rentrassent pour
préparer le manger du père et puis elles étaient trop fatiguées, ce
serait pour une autre fois.

3. « L'effet de réel » par Roland Barthes

Roland Barthes, théoricien critique du XXe siècle (1915-1980), est
le grand représentant du courant structuraliste, qui aborde l'œuvre à
travers ses structures, indépendamment des phénomènes extérieurs
à sa production. L'œuvre y est considérée comme un tout isolé.

Barthes a analysé la littérature réaliste comme un système de
conventions et de codes. Parce que le langage est avant tout un
ensemble de signes arbitraires, sans rapport avec ce qu'il désigne (le
mot « porte » est sans relation avec la chose elle-même), la représentation de la réalité dans l'œuvre littéraire est un leurre. Barthes en
vient ainsi à montrer que le romancier réaliste use d'une série de
procédés pour faire croire à son lecteur qu'il copie fidèlement la
réalité.

Le procédé qu'il analyse très précisément est celui de « l'effet de
réel », qui consiste à insérer dans la description un détail inutile et
gratuit (le baromètre dans l'intérieur de Mme Aubain, dans *Un cœur
simple* de Flaubert) dont l'unique utilité est de rendre crédible le
décor décrit : le lecteur se représentant le baromètre de Mme Aubain
parmi d'autres objets tient pour exacte et fidèle la copie du réel que
le romancier est censé lui proposer.

Barthes prolonge en cela la réflexion de Maupassant (voir p. 36)
en montrant que l'œuvre qui prétend atteindre la plus grande fidélité au réel est en fait la plus artificielle.

■ R. Barthes, « L'effet de réel », *Littérature et réalité*, 1982

Lorsque Flaubert, décrivant la salle où se tient Mme Aubain, la patronne de Félicité[1], nous dit qu'«un vieux piano supportait, sous un baromètre, un tas pyramidal de boîtes et de cartons», lorsque Michelet, racontant la mort de Charlotte Corday[2] et rap-
5 portant que dans sa prison, avant l'arrivée du bourreau, elle reçut la visite d'un peintre qui fit son portrait, en vient à préciser qu'«*au bout d'une heure et demie, on frappa doucement à une petite porte qui était derrière elle*», ces auteurs (parmi bien d'autres) produisent des notations que l'analyse structurale[3], occupée à déga-
10 ger et à systématiser les grandes articulations du récit […] laisse pour compte, soit que l'on rejette de l'inventaire (en n'en parlant pas) tous les détails «superflus» […], soit que l'on traite ces mêmes détails […] comme des «remplissages» […].

Car si, dans la description de Flaubert, il est à la rigueur pos-
15 sible de voir dans la notation du piano un indice du standing bourgeois de sa propriétaire et dans celle des cartons un signe de désordre et comme de déshérence[4], propres à connoter l'atmosphère de la maison Aubain, aucune finalité ne semble justifier la référence au baromètre, objet qui n'est ni incongru ni significatif
20 et ne participe donc pas, à première vue, de l'ordre du *notable* ; et dans la phrase de Michelet, même difficulté à rendre compte […] de tous les détails : que le bourreau succède au peintre, cela seul est nécessaire à l'histoire : le temps que dura la pose, la dimension et la situation de la porte sont inutiles […].

---

1. Personnages d'*Un cœur simple*, l'un des *Trois contes* de Flaubert.
2. Dans son *Histoire de la Révolution française* (1847-1853), Michelet (1798-1874) retrace la Révolution française, des États généraux de 1789 à la mort de Robespierre.
3. C'est-à-dire l'analyse des structures du texte, pris comme un ensemble, comme un tout.
4. *Deshérence* : abandon, désordre.

Dans le moment même où ces détails sont réputés dénoter directement le réel, ils ne font rien d'autre, sans doute, que le signifier : le baromètre de Flaubert, la petite porte de Michelet ne disent finalement rien d'autre que ceci : *nous sommes le réel* [...]. Il se produit un *effet de réel*, fondement de ce vraisemblable inavoué
30 qui forme l'esthétique de toutes les œuvres courantes de notre modernité.

© Le Seuil.

4. La question des « formes » et la *mimesis*

Henri Mitterand, critique contemporain spécialiste de la littéra-ture réaliste et de Zola, revient sur la définition de la *mimesis*, c'est-à-dire la représentation de la réalité dans la littérature. Cette notion de *mimesis*, mot grec qui signifie copie, imitation, est centrale dans le réalisme et dans tout courant artistique qui a prétendu peindre la réalité. Dans l'Antiquité déjà, le peintre Zeuxis [1] avait peint une fresque représentant des raisins que les oiseaux venaient picorer, tant la reproduction de la vigne était précise et exacte.

Pour Mitterand en effet, le réalisme est de tous les temps puisque l'homme en Occident n'a cessé de chercher à reproduire le monde qui l'entoure le plus fidèlement possible pour transmettre au lecteur un « savoir » sur cet environnement : le lecteur de romans a ainsi l'impression « d'enrichir [sa] connaissance du réel ». Il n'en demeure pas moins que cette représentation de la réalité est « incer-taine » dans la mesure où elle est artificielle.

La *mimesis* se coule dans des « formes » qui sont les instruments permettant la représentation de la réalité : le réel est ainsi traduit et transposé, il est ordonné et organisé, il prend un sens qu'il n'a pas lorsqu'il est appréhendé directement. Les « formes » imposent donc

---

1. *Zeuxis* : peintre grec du Ve siècle av. J.-C. célèbre pour son rendu des coloris.

un ordre, une contrainte à la matière du réel et sont comme un moule dans lequel il est coulé.

■ Henri Mitterand, *Le Roman à l'œuvre* : *Genèse et valeurs*, 1998

On voit bien, à regarder de près la substance vivante de l'œuvre, que la représentation du réel – la *mimesis*, selon un mot consacré – est une notion à la fois forte et incertaine. Forte, parce que, au moins dans un genre comme le roman, une part essen-
5 tielle de lire tient à l'effet de savoir, à l'impression que nous avons d'enrichir notre connaissance du réel (psychique, social, politique), notre expérience du monde : le réalisme, et sa variante naturaliste, sont ainsi de tous les temps ; et notre vocabulaire littéraire, qui les cantonne aux générations de 1850-1880, est
10 trompeur.

Incertaine, cependant, malgré l'autorité que lui a conférée le grand livre d'Auerbach[1], parce que sa forme même rend moins immédiatement visibles la *romanité*[2] du roman..., c'est-à-dire tout le jeu des artifices, montages, programmes, systèmes, connexions,
15 thèmes, motifs, échos, tempos, etc., qui donnent une forme à la matière du vécu et du verbe et installent ainsi un autre versant du plaisir du texte. C'est peut-être moins une question de « dérive » que de traduction, ou de transposition : le réel ne peut donner lieu à la *mimesis* dans le roman qu'en se coulant dans des *formes*, qui,
20 elles, constituent le réel du texte, qui donnent à la réalité l'exis-tence textuelle, narrative-descriptive, mais qui en même temps, tendanciellement, la surdéterminent, [...] et peuvent par là jeter

---

1. Erich Auerbach, critique allemand, est l'auteur de *Mimésis. La représenta-tion de la réalité dans la littérature occidentale* (1946), où il analyse le réalisme comme une caractéristique constante de la littérature occidentale (il emprunte son premier exemple de réalisme à *L'Odyssée* d'Homère).
2. C'est-à-dire le caractère romanesque du roman, ce qui le caractérise en tant que roman, c'est-à-dire fiction.

une ombre sur l'illusion de savoir objectif. « Roman réaliste »,
d'une certaine manière, est un oxymore[1]. Les plus grands « réa-
25 listes » sont aussi les plus grands « formalistes », les plus grands
rêveurs et les plus grands artistes du verbe.

---

1. *Oxymore* : alliance de mots contradictoires (le « soleil noir » de Nerval ;
l'« obscure clarté » de Hugo).

DOSSIER

Le réalisme en peinture

L'école de Barbizon

Si le réalisme se proclame et s'affiche à grands renforts de provocations et de publicité dans les années 1850 autour de Courbet, il n'en existe pas moins, avant lui, des peintres de paysage qui annoncent tant le réalisme que l'impressionnisme, né en 1874 avec le tableau de Monet, *Impression, soleil levant*. On peut qualifier les peintres de l'école de Barbizon de précurseurs : Millet, Corot, Rousseau représentent la nature qui les environne à l'aide de motifs simples.

Le classicisme en peinture a privilégié le dessin, le romantisme la couleur. Les classiques ont représenté des sujets nobles (scènes historiques, mythologiques ou bibliques) ; les romantiques, par réaction, ont cherché dans une esthétique du contraste, du mouvement et de la couleur à s'emparer de domaines encore inexplorés : l'Orient en particulier, dont ils ont voulu rendre la flamboyance. Les paysagistes comme Corot, Rousseau ou Millet vont au contraire peindre une nature banale : bords de rivière, forêts, etc. Ils représentent la nature qu'ils ont sous les yeux et l'homme dans sa simplicité rustique.

Camille Corot (1796-1875) évolue du classicisme de ses représentations de paysages italiens dans les années 1830 vers une technique du flou et du vaporeux qui annonce les impressionnistes.

Les autres membres de l'école de Barbizon, qui s'installent dans ce village proche de Fontainebleau, **Théodore Rousseau (1812-1867)**, **Jules Dupré (1811-1889)**, **Charles Daubigny (1817-1878)**, commencent à peindre « sur le motif », c'est-à-dire directement, en plein air (et non plus « de souvenir » comme le faisaient leurs prédécesseurs qui s'imprégnaient du paysage avant de le peindre, enfermés dans leur atelier).

Avec *Les Glaneuses*, **Jean-François Millet (1814-1875)** fournit une illustration majeure de ce réalisme qui maintient l'idéalisation, proche en cela des romans champêtres de George Sand. Il s'agit pour Millet de montrer la noblesse du peuple des campagnes, à une époque où la littérature représente plus volontiers le monde ouvrier sous un jour inquiétant. La représentation valorisante du travail et d'une société où dominent les valeurs de la paix et de la simplicité fait de l'œuvre de Millet une œuvre qui peut sembler aux antipodes de celle d'un Courbet, délibérément engagé.

■ Millet, *Les Glaneuses*, 1857 (Paris, musée d'Orsay).

Le réalisme de Courbet et Manet

La peinture de **Gustave Courbet** (1819-1877) choque ses contemporains qui voient dans le réalisme une « école du laid ». Le peintre n'hésite pas, au nom de la fidélité au réel, à déclarer la guerre à l'idéalisme et à peindre la réalité telle qu'elle est. *Les Casseurs de pierre*, toile exposée au salon de 1851, est qualifiée de « peinture socialiste », donc subversive, puisqu'elle représente des réalités (la vie très pénible des ouvriers occupés à casser des pierres) que les bourgeois refusent de voir.

■ Courbet, *L'Enterrement à Ornans*, 1849 (Paris, musée d'Orsay).

Les contemporains de Courbet jugent ses toiles scandaleuses, car elles bouleversent les normes esthétiques, sociales et morales du XIXᵉ siècle. Ainsi dans *L'Enterrement à Ornans*, Courbet exprime une vision matérialiste de la mort (un crâne au bord d'un trou), sans dimension religieuse (on ne perçoit presque pas le ciel dans cette toile où dominent les teintes sombres de la terre et des personnages endeuillés). Ce tableau est aussi une représentation caricaturale des ecclésiastiques (les bedeaux ont des nez d'ivrognes). On retient peu à l'époque l'un des profonds mystères du tableau : qui est le défunt ? On cherche une clef, dans la famille du peintre, originaire d'Ornans, mais l'on est davantage tenté de proposer une lecture allégorique du tableau : n'enterrerait-on pas ici le romantisme ?

Édouard Manet (1832-1883), avec son *Déjeuner sur l'herbe* (1863) puis son *Olympia,* fera rire les visiteurs du Salon. Le peintre s'inspire certes des maîtres comme Titien, dont la Vénus d'Urbino est réinterprétée avec *Olympia*, mais il choque à la fois par sa représentation du nu et par son dédain pour la perspective, par son esthétique de l'« aplat » et de la couleur crue. Dans *Olympia*, le modèle n'est ni flatté ni embelli. La Vénus est devenue une prostituée dont le regard semble défier le spectateur.

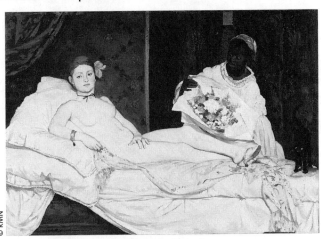

© RMN

■ Manet, *Olympia*, 1865 (Paris, musée d'Orsay).

L'impressionnisme

Le nom même d'impressionnisme vient du tableau de Monet, *Impression, soleil levant*, exposé en 1874, et qui marque le début d'un mouvement pictural rassemblant entre autres, Sisley, Pissarro, Renoir, Degas, Caillebotte, Seurat et Signac. Ils reprennent aux peintres de Barbizon, à Courbet et à Manet la peinture de plein air (on nomme parfois le courant du nom de *plein-airisme*) et cherchent à restituer l'objet dans une lumière et une atmosphère qui les transforment. Ainsi un arbre, en fonction de l'heure du jour, peut être violet ou rouge, et c'est ce que le peintre doit s'efforcer de reproduire, suivant son *impression*.

Les impressionnistes se sont plu à représenter des paysages à des moments intermédiaires et à étudier les jeux de lumière, sur l'eau notamment ou sous les feuillages.

C'est ainsi que **Claude Monet** (1840-1926) entreprend dans les années 1890 l'étude d'un même motif à différentes heures du jour. Il réalise différentes séries dont celle consacrée à la cathédrale de Rouen, la plus importante (trente tableaux) et la seule à représenter un motif toujours identique, prétexte à une traduction spectaculaire de l'instantanéité. La facture épaisse et rugueuse des toiles suggère la pierre du bâtiment et accroche littéralement la lumière.

Cette orientation de la peinture, déjà sensible dans l'*Olympia* de Manet, vers une composition sans ombre et sans perspective et une organisation rigoureuse de l'espace où sont distribués les objets prépare la peinture moderne et abstraite.

■ Monet, *La Cathédrale de Rouen*, 1894
(Paris, musée du Louvre).

Vers l'abstraction

Paul Cézanne (1839-1906) est un grand relais entre l'art du XIXe siècle
et l'art moderne, qui éclate avec la révolution cubiste au début du
XXe siècle. Il est un chercheur, un peintre pour lequel la peinture n'est
pas évidente, simple d'accès, mais au contraire un travail et un effort
constant. Un temps compagnon de route des impressionnistes, il
rejoint Aix-en-Provence, sa ville natale, en quête d'un « motif à

fouiller », c'est-à-dire d'un sujet contraignant qui lui permette de réaliser une construction picturale complexe. La montagne Sainte-Victoire s'impose à lui et va l'occuper pendant plus de vingt ans. Les dernières toiles qu'elle lui inspirent représentent une synthèse de tout son art : composition rigoureuse et géométrique, organisation des touches colorées en grandes masses qui se fondent, emploi de blancs comme des vides. Cézanne voulait « traiter la nature par le cylindre, la sphère, le cône, le tout mis en perspective ». Par son goût de la géométrisation des formes, il est tenu pour l'un de précurseurs directs du cubisme.

La peinture réaliste aboutit donc à l'abstraction, et le rendu de la réalité à sa recomposition formelle.

© RMN

■ Cézanne, *La Montagne Sainte-Victoire*, 1906 (Philadelphie, Museum of Art).

RÉPERTOIRE

■ **Les principales figures du réalisme et du naturalisme**

BALZAC Honoré de (1799-1850). Il conçoit en 1834 avec *Le Père Goriot* le système des personnages reparaissant d'une œuvre à l'autre, qui est l'embryon de *La Comédie humaine*. Sous ce titre, il réunit ses romans en 1842 et fait précéder l'ensemble d'un avant-propos théorique. *La Comédie humaine* est divisée en trois grandes masses qui se superposent : les *Études de mœurs*, les *Études philosophiques* et les *Études analytiques*, chaque ensemble prenant place au sein d'une démonstration rigoureuse. À l'observation correspond la première étape, à l'analyse et au jugement répond l'objectif du second palier, le dernier groupe d'œuvres se chargeant d'énoncer les lois. Les *Études de mœurs* sont elles-mêmes divisées en *Scènes* : *Scènes de la vie privée*, *Scènes de la vie de province*, *Scènes de la vie parisienne*, *Scènes de la vie de campagne*, *Scènes de la vie politique* et *Scènes de la vie militaire*.

BONNETAIN Paul (1858-1899). Il prit l'initiative du « Manifeste » écrit par cinq jeunes romanciers en 1887, à la parution de *La Terre* de Zola. Il est l'auteur de divers romans, d'abord naturalistes (*Charlot s'amuse*, qui fait scandale en 1884), puis exotiques (*L'Opium*, 1886).

CÉARD Henry (1851-1924). Proche ami et informateur de Zola jusqu'en 1893, il participa aux *Soirées de Médan* en 1880. Son premier roman, *Une belle journée* (1881), est une parfaite réalisation de l'idéal flaubertien du « livre sur rien ».

CÉZANNE Paul (1839-1906). Ami de jeunesse de Zola, son condisciple au collège à Aix-en-Provence. Ils se brouillèrent au moment de la parution de *L'Œuvre* où Cézanne crut se reconnaître sous les traits du peintre raté, Claude Lantier. Ses premières toiles sont marquées par l'influence romantique, puis il travaille en plein air, aux côtés des impressionnistes dans les années 1870. Il évolue ensuite vers une esthétique plus personnelle, composant des tableaux de manière très construite et rigoureuse (natures mortes, représentations de la montagne Sainte-Victoire), ce qui en fait un précurseur du cubisme et de l'abstraction.

CHAMPFLEURY Jules Husson dit (1821-1889). Né à Laon, ville qu'il représentera volontiers dans ses romans, il s'installe à Paris en 1843 où il fréquente les cercles de la bohème littéraire et artistique, qui se réunissent notamment à la brasserie Andler. Il écrit alors des saynètes et des nouvelles, mettant en scène des excentriques (*Chien-caillou*, 1847). À partir de 1848, il devient le porte-parole du réalisme dont il formule, avec Duranty, les théories. Il réunit ses articles sous le titre *Le Réalisme* en 1857 et publie parallèlement des romans réalistes : *Les Bourgeois de Molinchart* (1855), *Monsieur de Boisdhiver* (1856).

COURBET Gustave (1819-1877). Peintre, il expose à partir de 1844. Il refuse d'emblée les écoles et les règles et s'il copie les toiles des grands maîtres vénitiens, espagnols et flamands au Louvre, il déclare que prime la personnalité de l'artiste. Ses tableaux, qui représentent une réalité sociale brutale (*Les Casseurs de pierre*, 1849) ou donnent à voir la chair sous un jour cru (*Les Baigneuses*, 1853), font scandale. Avec *L'Enterrement à Ornans* (1849), il donne sans doute l'œuvre maîtresse du réalisme pictural. Pour exposer ses œuvres, refusées par le Salon officiel de peinture, il fait construire à ses frais un pavillon à l'enseigne « Du réalisme ». Il est poursuivi et s'exile en Suisse après la Commune (1871) pour avoir participé au démontage de la colonne Vendôme, symbole des guerres napoléoniennes.

DAUDET Alphonse (1840-1897). Ses œuvres sont d'abord marquées par le midi dont il est originaire : les *Lettres de mon moulin* (1869) ou *Tartarin de Tarascon* (1872). Il écrit un roman autobiographique, *Le Petit Chose* (1868), puis il se tourne vers le roman de mœurs : *Fromont jeune et Risler aîné* (1874), *Jack* (1876), *Le Nabab* (1878). Il ne ménagea pas ses critiques à Zola, du moins en privé, auprès d'Edmond de Goncourt notamment.

DESCAVES Lucien (1861-1949). Proche du courant naturaliste avec *Sous-offs* (1889) qui fait scandale, il n'en participe pas moins au « Manifeste » signé dans *Le Figaro* par cinq jeunes romanciers en 1887 contre Zola, qui vient alors de publier *La Terre*. Il sera l'exécuteur testamentaire de Huysmans et membre de la première académie Goncourt, créée en 1900 conformément aux vœux d'Edmond de Goncourt.

DESPREZ Louis (1861-1885). Il est surtout connu pour un ouvrage théorique sur le naturalisme (*L'Évolution naturaliste*, 1884). Il fut condamné à la prison pour son roman, *Autour d'un clocher* (1884), écrit en collaboration avec Henry Fèvre. Il mourut très jeune des suites de son emprisonnement.

DURANTY Louis Edmond (1833-1880). Il se consacre d'abord à la critique littéraire et artistique et est, avec Champfleury, un théoricien du réalisme : il fonde la revue *Réalisme* qui paraît de novembre 1856 à mai 1857. Ses romans, *Le Malheur d'Henriette Gérard* (1860) et *La Cause du beau Guillaume* (1862) sont injustement négligés.

FLAUBERT Gustave (1821-1880). Bien qu'il ait toujours contesté le réalisme, ses romans comme *Madame Bovary* (1857) et *L'Éducation sentimentale* (1869) sont souvent considérés comme réalistes. Il est perçu par la jeune génération naturaliste comme un modèle. Ses autres œuvres, *Salammbô* (1862), *La Tentation de saint Antoine* (dont il existe trois versions, qui datent respectivement de 1849, 1856 et 1874) ou *Hérodias* (1877) témoignent de sa fascination pour l'Orient. Il meurt en laissant inachevé *Bouvard et Pécuchet*, qui paraît après sa mort, en 1881.

GONCOURT Jules (1830-1870) et Edmond (1822-1896). D'abord attirés par le dessin et la peinture, ils se lancent dans des ouvrages historiques sur le XVIIIe siècle : *Histoire de la société française pendant la Révolution* (1854), *Histoire de Marie-Antoinette* (1858). Ils travaillent alors à partir de documents et amorcent ainsi leur orientation vers le roman, où ils emploieront les mêmes travaux préparatoires. Ils publient en 1860 *Charles Demailly*, *Sœur Philomène* en 1861, *Renée Mauperin* en 1864, romans où se lit la marque de l'influence balzacienne. Avec *Germinie Lacerteux* en 1865, ils donnent le premier roman sur le peuple, parfois considéré comme une œuvre naturaliste. Après la mort de Jules, Edmond continue à écrire : *La Fille Élisa* (1877), *Les Frères Zemgganno* (1879). Les Goncourt ont également tenu un *Journal* qui les a rendus célèbres, tout comme l'académie qui porte leur nom et décerne chaque année un prix littéraire à un romancier.

GUICHES Gustave (1860-1936). Romancier qui participa au « Manifeste des Cinq ».

HENNIQUE Léon (1850-1935). Ami de Zola, il participe aux *Soirées de Médan* (1880) et écrit quelques romans parmi lesquels *La Dévouée* (1878) dont Zola rend compte dans *Le Roman expérimental* (1880). Il s'éloigne ensuite de Zola pour se lier à Edmond de Goncourt et à Daudet.

HUYSMANS Joris-Karl (1848-1907). Fonctionnaire au ministère de l'Intérieur où il travaille toute sa vie, Huysmans se tourne tôt vers la littérature. D'abord avec un recueil de poèmes en prose (*Le Drageoir aux épices*, 1874), puis en participant aux *Soirées de Médan* avec *Sac au dos*, enfin avec des romans naturalistes : *Marthe* (1876), *Les Sœurs Vatard* (1879), *En ménage* (1881). *À rebours* (1884) marque sa rupture avec l'esthétique naturaliste, et Huysmans, qui se convertit au catholicisme, s'oriente alors vers un naturalisme mystique, comme en témoignent des œuvres comme *Là-bas* (1891), *En route* (1895).

MANET Édouard (1832-1883). Ses toiles renouvelèrent profondément la composition picturale et firent scandale. *Le Déjeuner sur l'herbe* (1862), refusé au Salon annuel de peinture, *Olympia* (1863), *Le Fifre* (1866) trouvèrent en Zola un ardent défenseur.

MARGUERITTE Paul (1860-1918). Romancier qui signa le « Manifeste des Cinq ».

MAUPASSANT Guy de (1850-1893). Disciple de Flaubert, plus que de Zola, même s'il participe au recueil des *Soirées de Médan* en 1880 avec *Boule de suif*. Il écrit conjointement des contes et nouvelles : *La Maison Tellier* (1881), *Les Contes de la bécasse* (1883), *Le Horla*

(1887) et des romans : *Une vie* (1883), *Bel-Ami* (1885), *Mont-Oriol* (1887), *Pierre et Jean* (1888), *Fort comme la mort* (1889) et *Notre cœur* (1890).

Mirbeau Octave (1848-1917). Il aurait pu participer aux *Soirées de Médan* car il avait fait partie de ces jeunes romanciers qui avaient offert à leurs maîtres, Flaubert, Edmond de Goncourt et Zola, un dîner chez Trapp le 16 avril 1877. Il est l'auteur de plusieurs romans, plus expressionnistes que naturalistes et qui témoignent de son traitement très personnel et original de l'esthétique réaliste : *Le Calvaire* (1887), *L'Abbé Jules* (1888), *Sébastien Roch* (1889). Il s'orientera ensuite, parallèlement à ses combats politiques (en faveur de Dreyfus au moment de l'Affaire), vers un roman de plus en plus déconstruit et libéré de toutes les contraintes formelles (*Le Jardin des supplices*, 1899, *Le Journal d'une femme de chambre*, 1900).

Stendhal Henry Beyle dit (1783-1842). Avec Balzac, il est un grand précurseur du courant réaliste, notamment dans sa définition d'un roman comme miroir. Ses romans, *Armance* en 1827, *Le Rouge et le Noir* en 1830, *La Chartreuse de Parme* en 1839 peignent une société, celle des années 1830 en France ou celle de la cour de Parme à une époque improbable, et entreprennent d'en faire l'histoire autour de figures de héros qui sont les doubles idéaux de leur auteur.

Vallès Jules (1832-1885). Journaliste et romancier resté en marge des courants littéraires de son temps, il se situe politiquement du côté de la gauche révolutionnaire (il est condamné à mort pour sa participation à la Commune et doit s'exiler). Il relate dans ses trois romans autobiographiques, autour de la figure de Jacques Vingtras, l'évolution d'un enfant de la petite bourgeoisie et son entrée dans la révolte (*L'Enfant*, 1878, *Le Bachelier*, 1879, *L'Insurgé*, 1886).

Zola Émile (1840-1902). Les années d'apprentissage de Zola, d'Aix-en-Provence à Paris, le voient passer de la poésie romantique au roman. En 1867, il publie *Thérèse Raquin* qui fait scandale : c'est le premier roman naturaliste, voie dans laquelle il poursuit en construisant un vaste monument, *Les Rougon-Macquart*, paru de 1870 à 1893. Cette *Histoire naturelle et sociale d'une famille sous le Second Empire* retrace l'ascension sociale et la dégénérescence d'une famille, composée de deux branches, l'une légitime (les Rougon), l'autre bâtarde (les Macquart), du coup d'État de 1851 à la guerre de 1870 et à la Commune. Il publie ensuite deux autres cycles, assez différents : *Les Trois Villes* (1894-1898) et *Les Quatre Évangiles* (1899-1902), qui demeure inachevé. Il est également l'auteur de nombreux articles de critique littéraire et artistique : il a réuni une partie de ses articles théoriques sur le naturalisme dans *Le Roman expérimental* (1880) et défendu la peinture de Manet et des impressionnistes. Son combat le plus illustre demeure celui qu'il a mené en faveur du capitaine Dreyfus, injustement condamné pour espionnage, et qui vaudra à l'écrivain d'être condamné à s'exiler en Angleterre durant un an.

Les classiques et les contemporains
dans la même collection

Les anthologies dans la même collection

Création maquette intérieure :
Sarbacane Design.

Composition : IGS-CP.
N° d'édition : d'édition : L.01EHRN000220N001
Dépôt légal : janvier 2009
imprime en Espagne par Novoprint (Barcelone)